Wolfgang Hertling:

Kochen mit Hirse

Wolfgang Hertling

KOCHEN MIT HIRSE

Vegetarische Gerichte

pala-verlag
gmbh

ISBN: 3-923176-50-3

Umschlaggestaltung: Atelier Heine, Groß-Umstadt
Illustrationen: Margret Schneevoigt
Druck: Fuldaer Verlagsanstalt, Fulda

Inhalt

Hirse, franz. mil oder millet, engl. millet, lat. Panicum. Eine aus Indien stammende Getreide= oder Grasart mit schilfartigem, starkem, 60—90 Centimeter hohem Stengel, feinhaarigen Blättern und einer ausgebreiteten Samenrispe, mit kleinen runden weißen, gelben oder grauen, mit bräunlichgrauer Schale umgebenen Samen=körnern, welche als gesundes Nahrungsmittel be=nützt werden; es giebt auch Abarten mit weißen, goldgelben oder schwarzen Körnerschalen, in denen jedoch stets gelbe Körner enthalten sind. Hirse verlangt einen sehr fetten, trocknen, warmen und lockeren Boden und reichliche Düngung, sie ge=deiht in warmem Klima auch vortrefflich in Sand=boden; man säet sie Ende April, sie blüht im Juli und reift im August, wo man sie behutsam schneidet, in Garben bindet und sofort in die Scheuern schafft, um sie auszudreschen; das Stroh ist dann noch völlig grün und muß an der Luft getrocknet werden, wonach man es als Viehfutter benützt; die Hirsekörner werden auf besonderen Mühlgängen oder Handmühlen enthülst. Am meisten angebaut werden die weiße Rispen= oder Quasthirse, die gelbe Kolbenhirse, die Bluthirse, die große gelbe, die kleine graue und die violette Hirse; die besseren Sorten dienen in verschiedenen Zubereitungsarten als Speise, namentlich für Landleute und die arbeitenden Classen, da Hirse zwar sehr nahrhaft ist, aber auch ein gutes Ver=dauungsvermögen erfordert; die geringeren, klein=körnigen Arten benützt man zur Auffütterung von jungem Federvieh. Die bei dem Enthülsen er=zeugten Abgänge sowie das zu Häcksel geschnittene Stroh geben ein treffliches Viehfutter für Rind=vieh, auch liefert die Saat ein sehr gutes Grün=futter.

Universal-Wörterbuch der Kochkunst,
Verlagsbuchhandlung Weber,
Leipzig 1893

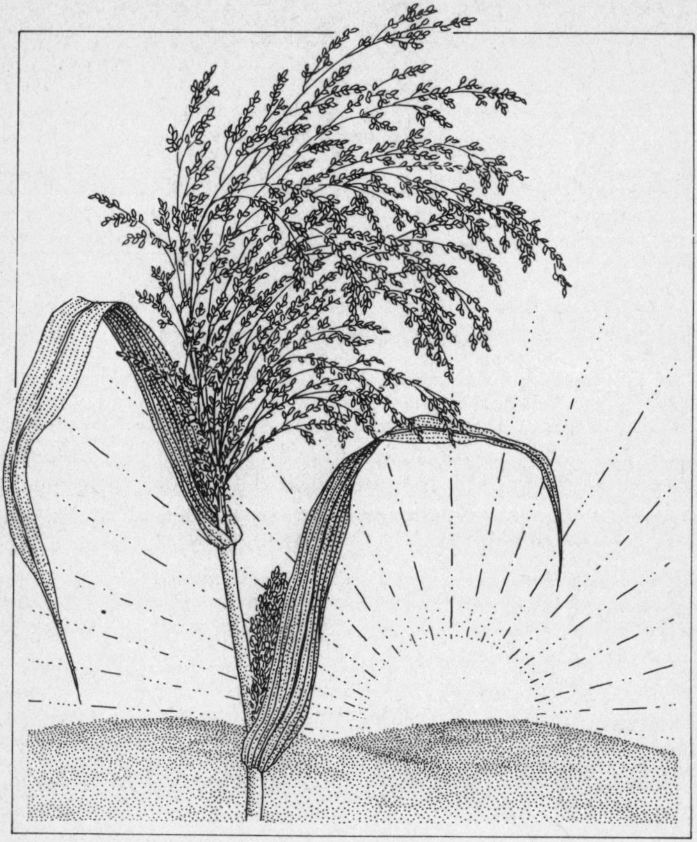

Warum Hirse?

Die Hirse war bei uns lange in Vergessenheit geraten. Wenn in einem modernen Ernährungslexikon unter dem Stichwort *Hirse* steht: „...früher auch als Nahrungsmittel gebräuchlich, heute nur noch als Vogelfutter bekannt“, so ist das nur *ein* Indiz für das Schicksal dieses Getreides in den „zivilisierten“ westlichen Gesellschaften. Für die Welternährung, vor allem in den Ländern der „Dritten Welt“, spielt Hirse nach wie vor eine große Rolle.

In den letzten Jahren hat die Hirse auch bei uns eine gewisse Renaissance erlebt. Durch den Trend zu einer vollwertigeren, gesünderen Ernährung hat sie durch die Naturkostbewegung wieder Einzug in die Küchen gehalten. Kochen und Backen mit Hirse bietet schließlich viele abwechslungsreiche Alternativen zu anderen Getreidesorten.

Wer heute Hirse kaufen will, wird sich in Supermärkten vergeblich danach umschauen. Auch wenn einige Vollkornprodukte wie ungeschälter Reis und verschiedene Müslisorten mittlerweile Eingang in das Sortiment des „normalen“ Lebensmittelhandels gefunden haben, gibt es Hirse bisher nur in Naturkostläden und Reformhäusern.

Wohl kaum ein Getreide hat so einen schlechten Ruf wie die Hirse, sowohl, was ihren Geschmack, als auch was ihre Herkunft angeht. Beschäftigt man sich jedoch etwas intensiver mit ihr, entdeckt man bald, daß fast alles unbegründet ist, was man ihr nachsagt, ja, daß sie eine überaus leckere und sinnvolle Bereicherung für unseren Speiseplan ist.

Hirse gilt meist als ein „Dritte Welt“-Getreide, wir kennen Hirse als Grundnahrungsmittel der Äthiopier und anderer armer afrikanischer Länder. Leicht passiert es da, daß der Vorwurf kommt, mit der Propagierung der Hirse als „naturköstliches“ Lebensmittel bringe man diese Hirseanbauländer dazu, ihre Grundnahrungsmittel zu exportieren. Man esse ja so „den Negern noch ihre Hirse weg.“

Sicher ist es richtig, daß Hirse für viele afrikanische Länder ein wesentliches Grundnahrungsmittel ist. Aber es ist falsch, anzunehmen, man nehme sie diesen Ländern weg. Denn die Hirse, die bei uns zum Verzehr in den Lebensmittelhandel kommt, wird ausschließlich in den USA und anderen Wohlstandsländern angebaut.

Und am Beispiel „Hirse als Nahrungsmittel“ läßt sich sehr gut aufzeigen, wie eng unsere Ernährung mit den aktuellen Umwelt- und Ernährungsproblemen der Welt in Beziehung steht.

Hirse wird, wie gesagt, heute kaum mehr als einheimisches Lebensmittel betrachtet, was nahelegen könnte, daß sie nicht in unseren Speiseplan paßt. Die Naturkostbewegung fordert doch zu recht, nur solche Lebensmittel zu verwenden, die auch den ökologischen Prinzipien genügen. Dazu gehören nicht zuletzt ein vernünftiger Energie- und Transporteinsatz. Doch diese Betrachtungsweise, die auf den ersten Blick so logisch erscheint, ist nicht ganz richtig. Noch vor 200 Jahren gehörte die Hirse zu den wichtigsten einheimischen Getreidearten, während beispielsweise die Kartoffel oder der Mais bei weitem nicht die Rolle spielten, die sie heute spielen. Wer käme heute noch auf die Idee, die Kartoffel als ein nicht-einheimisches Gewächs zu bezeichnen? Hier zeigt sich ganz deutlich, daß durchaus nicht alles, was heute hier angebaut wird auch „einheimisch“ ist — und umgekehrt.

Betrachtet man historische Darstellungen über Nutzpflanzen, die früher bei uns angebaut wurden und heute „ausgestorben“ sind, so fällt auf, daß noch einige Pflanzen das Schicksal der Hirse teilen, die auch durch die Naturkostbewegung wieder zu neuen Ehren kommen: der Dinkel, der Buchweizen, die Kichererbse, die Leinsaat, um nur einige zu nennen.

Bestimmt handelt es sich bei der Renaissance dieser Pflanzen nicht nur um eine Art Nostalgie — es ist sicherlich lohnend, sich einmal näher mit den Gründen für ihr Verschwinden und ihre neue Aktualität zu beschäftigen.

Wohl keine dieser Nahrungspflanzen wurde aus reinen Geschmackserwägungen nicht mehr angebaut. Immer wurden sie verdrängt von anderen Arten, deren Anbau unter den herrschenden Bedingungen lohnender erschien, die also ertragreicher waren. Daß solche Ertragssteigerungen meist mit erhöhtem Energie-, Dünger- und Gifteinsatz verbunden waren, ließ man zunächst außer acht. Die Ressourcen schienen damals ja noch unerschöpflich und die Problematik der Umweltverschmutzung war noch fast völlig unbekannt.

Heute wird in unseren Breiten einerseits die landwirtschaftliche Überproduktion zum Problem. Milchseen, Butterberge, tonnenweise vernichtetes Obst und Gemüse sind ja aus den Medien bekannt. Andererseits wird mittlerweile deutlich, daß die Natur den Raubbau an den Böden und anderen Ressourcen nicht mehr mitmacht und sich mit Wald- und Gewässersterben gegen ihre Ausbeutung wehrt. Hier stellt sich doch die Frage, ob der Ertrag die einzige Maxime der Landwirtschaft sein kann.

Auch in den Ländern der dritten Welt ist die Hirse mittlerweile vielfach in Gefahr, von ertragreicheren Getreidearten wie Gerste oder Weizen verdrängt zu werden. Vielleicht wird Hirse vielfach nur noch deshalb angebaut, weil es zu teuer war, die Böden, auf denen sich natürlicherweise eben nur Hirse anbauen läßt, künstlich aufzupäppeln, um dort auch Hochertragslandwirtschaft zu betreiben. Doch es ist kaum der richtige Weg, die Nahrungsprobleme der Dritten Welt mit einer Nachahmung des Irrwegs, den man bei uns gegangen ist, lösen zu wollen.

Würden wir wirklich ,,den Negern“ nur ,,die Hirse wegessen“, gäbe es sicherlich weniger Hunger in der Welt. Denn — und das ist der Punkt, an dem die Verbindung zwischen unserer Ernährung und der dritten Welt offensichtlich wird — die wenigsten landwirtschaftlichen Flächen in der dritten Welt werden für unsere *Getreide*-Ernährung genutzt — meist wird dort mit einem denkbar schlechten Wirkungsgrad und hohem Pestizideinsatz Viehfutter für unsere *Fleisch*-Ernährung angebaut oder für unsere ,,Luxuslebensmittel“ wie Kaffee, Tee, Südfrüchte und Ähnliches.

Auch das zeigt, daß es gilt, andere Wege der Ernährung zu finden. Weg von einer üppigen und aufwendigen Küche auf ,,Fleischbasis“, weg von Früchten und Gemüsen, die aus ,,Dritte Welt“-Ländern zu uns eingeflogen werden. Vielleicht sollten wir unsere Ernährung auch einmal unter diesen Gesichtspunkten betrachten.

Die Rezepte in diesem Buch sind deshalb alle vegetarisch und fast alle relativ einfach. Hirse paßt kaum in eine ,,nouvelle cuisine“, sie war in ihrer langen Geschichte meist ein Nahrungsmittel der einfachen Leute. Aufwendige Rezepte mit endlosen exotischen Zutatenlisten passen nur schlecht zu diesem Getreide.

Hier ist ein letzter Punkt, an dem wir über die Zusammenhänge zwischen unserer Ernährung und unserer Kultur nachdenken sollten. In der Literatur ist immer wieder davon die Rede, daß Hirse die Nahrung der armen und friedlichen Bevölkerung ist und daß andere Getreide wie beispielsweise die Gerste die ,,Nahrung der Krieger und Soldaten“ oder der Eroberer sind.

Sicherlich wäre es überzogen, einen direkten Zusammenhang zwischen der Ernährung mit Hirse und dem Frieden in der Welt herzustellen, aber es ist sicherlich lohnend, sich einmal Gedanken über die Zusammenhänge zwischen Umstellungen in der Ernährung ganzer Völker und politischen und kulturellen Umwälzungen zu machen.

8000 Jahre Hirse

„Die Getreidesorten des Menschen sind alle Brüder, von denen mancher Jahrtausende unbeschränkt geherrscht hat. (...) der älteste Bruder dürfte wahrscheinlich „Vater Hirse“ gewesen sein, der lange vor der Erfindung des Pfluges die Menschen und ihre Götter ernährte. Ein höflicher, brei-gesichter Greis, der die Kälte eigentlich nicht liebte, aber ausdauernd und geduldig die Völker begleitete, die ihn liebten. Es waren niemals reiche Völker und auch keine kriegerischen Völker bei denen Urvater Hirse lebte. Die mongolischen und kirgisischen Nomaden Zentral-Asiens sind noch heute hirseliebend. In China treffen wir Hirsebau um 2800 v. Chr. Nach Indien, wo man in der Urzeit vielleicht die meiste Hirse aß, kam eines Tages die arische Herrenrasse und dekretierte: das könne nicht gut sein, was die Unterworfenen äßen. Die Arier brachten ihr eigenes Korn mit: Djavas, die Gerste. So kam es zu einem Geschmackskrieg, in dem für Soldaten und kräftige Männer Djavas, die Gerste, Sieger wurde.

aus: *6000 Jahre Brot* von Heinrich Eduard Jacob

Die Beschreibung der Verdrängung der Hirse in Indien durch andere Getreide — und die Interessen der Mächtigen — ist bezeichnend für das Schicksal dieses Getreides, noch öfter in der Geschichte mußte die Hirse anderen Nahrungspflanzen weichen, bei uns zuletzt dem Mais und der Kartoffel.

Neben den wohl ältesten archäologischen Hirsefunden in Zentralasien gibt es auch in Deutschland Funde, die belegen, daß die Hirse zusammen mit Gerste und den ebenfalls in Vergessenheit geratenen Emmer und Einkorn zu den ältesten angebauten Getreidearten gehört.

Die ältesten deutschen Funde stammen aus der Zeit um 5000 v. Chr. und liegen im Osten Deutschlands. Andere Fundorte liegen im nördlichen Voralpenland. Allerdings war in dieser Zeit die Bedeutung der Hirse wohl noch gering und auch auf wenige Orte begrenzt. Doch in der Folgezeit breitete sich die Hirse in Deutschland zunehmend aus, die archäologischen Funde, in denen Hirse nachgewiesen werden kann, werden mehr. In der vorrömischen Eisenzeit wurde Hirse in ganz Europa angebaut, in Süd-Europa überwiegend Kolbenhirse, in Mittel-, Nord- und Ost-Europa Rispenhirse.

Eine erste Abwärtstendenz erfährt der Hirseanbau in den ersten Jahrhunderten unserer Zeitrechnung: die Hirse muß auch in Europa dem zunehmenden Gersteanbau weichen. Im Mittelalter wurde die Hirse in den Osten Deutschlands zurückgedrängt, wo die sumpfigen, sandigen Böden sich für ihren Anbau besonders eigneten. Noch im 18. Jahrhundert ist die Hirse in Deutschland eines der Hauptnahrungsmittel für die ärmere Bevölkerung. Bis zum Beginn des 20. Jahrhunderts ist der Hirseanbau im deutschen Reich praktisch ganz verschwunden, bedingt durch die zunehmende Intensivierung der Landwirtschaft und den sich ausbreitenden Kartoffelanbau.

Geschichten von der Hirse

Aus den deutschen Küchen ist die Hirse weitestgehend verschwunden. Überlebt hat sie aber in unseren Märchen. Sie zeugen davon, welche Bedeutung die Hirse früher einmal bei uns hatte — ja wievielen ist dieses Getreide sogar nur noch aus Märchen bekannt?

Daß sie allerdings auch hier nicht ganz der Gefahr der Verdrängung entgehen konnte, zeigt eine der wichtigsten „Fundstellen“ in den Märchen, die Geschichte vom „Schlaraffenland“.

Das Schlauraffen Landt

Ain gegent haist Schlauraffen land,
Den faulen leuten wol bekant,
Das ligt drey meyl hinder Weyhnachten.
Und welcher darein wölle trachten,
Der muß sich grosser ding vermessn
Und durch ein Berg mit Hirßbrey essn,
Der ist wol dreyer Meylen dick.
Als dann ist er im augenblick
Inn den selbing Schlauraffen Landt,
Da aller Reychthumb ist bekant.
Da sind die Heuser deckt mit Fladn,
Leckuchen die Haußthür und ladn,
Von Speckuchen Dielen und wend,
Die Tröm von Schweynen braten send.
Umb yedes Hauß so ist ein Zaun,
Geflochten von Bratwürsten braun.
...

Während in dieser, der wohl ältesten Version der Geschichte vom Schlaraffenland von Hans Sachs (1494 - 1576) noch von einem ,,Berg mit Hirßbrey“ die Rede ist, durch den man sich durchessen muß, um das Schlaraffenland zu erreichen, ist in der heute überlieferten Fassung der Märchen von Ludwig Bechstein (1801 - 1860) aus dem Hirsebrei ,,Reisbrei“ geworden. Also hat auch hier wieder einmal die Hirse ihr Schicksal ereilt, sie ist von einer ,,moderneren“ Getreideart verdrängt worden, sie ist also auch in den Märchen nicht sicher vor dem Vergessenwerden.

Offen ist auch die Interpretation dieser Schlaraffenlandgeschichte. Ist die Mauer aus Hirsebrei schon Teil des Überflußes, des unbegrenzten Genußes des Schlaraffenlands? Wohl eher steht sie für die Mühsal und Arbeit, die vor das Erreichen des unbegrenzten Wohlstands gesetzt sind. Also zeigt sich auch hier keine sehr große Wertschätzung, die diesem Getreide entgegengebracht wird.

Klarer ist da schon das Märchen der Gebrüder Grimm vom süßen Brei. Hier ist die Hirse die Speise der Armen, die Nahrung des einfachen Volkes, aber auch der Ausweg aus Armut und Hunger.

Das Märchen vom süßen Brei

Es war einmal ein armes frommes Mädchen, das lebte mit seiner Mutter allein, und sie hatten nichts mehr zu essen. Da ging das Kind hinaus in den Wald, und begegnete ihm da eine alte Frau, die wußte seinen Jammer schon und schenkte ihm ein Töpfchen, zu dem sollt' es sagen: ,,Töpfchen, koche“, so kochte es guten süßen Hirsenbrei, und wenn es sagte: ,,Töpfchen, steh“, so hörte es wieder auf zu kochen. Das Mädchen brachte den Topf seiner Mutter heim, und nun waren sie ihrer Armut und ihres Hungers ledig und aßen süßen Brei, sooft sie wollten. Auf eine Zeit war das Mädchen ausgegangen, da sprach die Mutter: „Töpfchen, koche", da kocht es, und sie ißt sich satt; nun will sie, daß das Töpfchen wieder aufhören soll, aber sie weiß das Wort nicht. Also kocht es fort, und der Brei steigt über den Rand hinaus und kocht immer zu, die Küche und das ganze Haus voll, und das zweite Haus und dann die Straße, als wollt's die ganze Welt satt machen, und ist die größte Not, und kein Mensch weiß sich zu helfen. Endlich, wie nur noch ein einziges Haus übrig ist, da kommt das Kind heim und spricht nur: „Töpfchen, steh", da steht es und hört auf zu kochen; und wer wieder in die Stadt wollte, der mußte sich durchessen.

Zum Schluß noch ein Loblied auf die Hirse, das Eingang in die „große Literatur" gefunden hat, aus „Joseph und seine Brüder" von Thomas Mann:

„Da ist die Frage nun die und geht deinem Knecht im Kopfe herum als Anschlag der Neuerung, ob wir nicht auf Potiphars Äckern, nämlich der Insel im Fluß, viel mehr Durrakorn bauen sollten anstatt der Gerste, als wie bis jetzt: ich meine die Mohrenhirse, das Negerkorn, ich meine das weiße; denn braune Durra haben wir schon reichlich gebaut zum Viehfutter, und sie sättigt die Rosse und schlägt an den Rindern, aber die Frage der Neuerung ist, ob wir uns nicht in erhöhtem Maß auf die weiße verlegen sollten und große Flächen damit bestellen zur Menschenverköstigung, daß das Hofvolk sich von der guten Brotfrucht nähre, statt mit Gersten- und Linsenbrei, und sich

dienlich erkräftige. Denn überaus mehlreich ist der Kern ihrer Spelzen, und das Fett der Erde ist bei ihrer Frucht, so daß die Arbeiter weniger davon brauchen denn von Gerste und Linsen und wir sie sättigen schneller und besser.

Die Hirsearten

Der Name „Hirse“ bezeichnet botanisch eine Gruppe von verschiedenen samentragenden Gräsern, den *Gramineae*. Diese gehören zu den ältesten Kulturpflanzen auf der Erde. Sie werden im allgemeinen in zwei Gruppen aufgeteilt, die großsamigen *Sorghum*-Hirsen und die kleinsamigen *Millet*-Hirsen.

Die verschiedenen Hirsearten unterscheiden sich in ihrem Äußeren recht erheblich. Manche sind zart und ähneln unseren Gräsern, andere sind zwei bis vier Meter hoch und haben einen kräftigen Stamm; manche Arten wachsen in gemäßigtem Klima, andere sind ausschließlich in den Tropen zuhause.

Die größte Bedeutung für uns hat die **Rispenhirse** (*Panicum miliaceum)*, aus der Gruppe der *Millethirsen*, jener Hirseart, die früher auch in Deutschland kultiviert wurde. Sie wird heute noch in den Donauländern, im Mittelmeerraum, in der Sowjetunion und vor allem in China angebaut. Die Pflanze wird 50 -80 cm hoch und bildet eine große Rispe aus, in der eine Vielzahl kleiner Körner sitzen. Das kleine, gelbe Hirsekorn ist von einer harten Kieselschale umgeben und muß geschält werden. Dennoch liefert die Rispenhirse ein vollwertiges Korn.

Ebenfalls zu den Millethirsen gehört die **Borsten- oder Kolbenhirse** (*Setaria italica)*, die im indogermanischen Raum seit Jahrtausenden bekannt ist. Diese Hirseart hat sehr kleine Körner, die in einem kolbenförmigen Fruchtstand wachsen. Eine Pflanze kann bis zu 5000 Körnchen hervorbringen. Borstenhirse ist bei uns heute lediglich noch als Vogelfutter im Handel.

Die **Perlhirse** (*Pennisetum americanum*) stammt aus Afrika und ist dort nach wie vor die wichtigste Getreideart. Perlhirse wird in größerem Umfang auch in Indien kultiviert. Ihr Anbau weitet sich in den tropischen Regionen immer mehr aus. Aufgrund ihres geringen Wasserbedarfs gedeiht sie in Afrika bis hin zum Rand der Sahara. Die äußerst robuste und ertragreiche Pflanze kann bis zu vier Meter hoch werden. Der Fruchtstand ist dem eines Maiskolben ähnlich, der Kolben ist jedoch mit vielen hundert kleinen perlähnlichen Körnchen besetzt. Perlhirse hat einen höheren Fett- und Eiweißgehalt als andere Hirsearten.

Teff *(Eragrostis tef),* auch Zwerghirse genannt, ist das wichtigste Getreide Äthiopiens. Die Zwerghirse braucht relativ viel Feuchtigkeit, wächst aber noch in Höhen bis zu 2.500 Metern. An den langen lockeren Rispen dieser Hirseart sitzen kleine Ährchen, die winzig kleine Körnchen von nur einem bis zwei Millimetern Länge beherbergen. Im Unterschied zu anderen Hirsearten besitzt Zwerghirse Klebereiweiß und läßt sich gut zu Brot verbacken.

Sorghum, das oftmals als eigenständiges Getreide genannt wird, umfaßt eine formenreiche Gruppe von großkörnigen Hirsearten, die vornehmlich in tropischen und subtropischen Regionen Afrikas und Asiens, neuerdings auch in Amerika kultiviert werden. Vom Wuchs dem Mais ganz ähnlich, kann Sorghum zwei bis vier Meter hoch werden. Allein der riesige Fruchtstand, an dem die Körner sitzen, kann eine Länge von bis zu einem halben Meter erreichen.

Weniger wichtig sind einige andere Arten von Sorghum: Von der sogenannten Besenhirse werden die zähen Rispenäste zur Herstellung von Besen und Bürsten verwendet; aus der Zuckerhirse, die ähnlich dem Zuckerrohr saftige, zuckerhaltige Stengel hervorbringt, kann Sirup gewonnen werden; Sudan-Gras schließlich, ebenfalls eine Sorghum-Art, zählt zu den wichtigsten Futterpflanzen.

Gemeinsam ist allen Hirsearten, daß sie äußerst anspruchslos sind und auch auf trockenen, sandigen Böden gut gedeihen. Dieser Umstand, dem sie ihre Bedeutung für die Ernährung in weiten Teilen der dritten Welt verdankt, hat bei uns an Relevanz verloren. Durch die Anwendung von Kunstdüngern, durch Bewässerung und durch die Züchtung von ertragreichen anderen Getreidearten sind die Hirsen in unserer Landwirtschaft völlig verdrängt worden.

Anbau

Von den „einheimischen“ Getreidearten ist die Hirse die am wenigsten bekannte. Schon lange haben ihr bei uns Weizen, Gerste, Roggen, Hafer, Mais und der importierte Reis den Rang abgelaufen. Nur der Dinkel und das Knöterichgewächs Buchweizen teilen ihr Schicksal, auch sie sind der modernen, ausschließlich auf Ertrag ausgerichteten Landwirtschaftskultur zum Opfer gefallen und führen ein Schattendasein, das erst durch die zunehmende Orientierung auf vollwertige Lebensmittel etwas gemindert wird.

Doch eine solch untergeordnete Rolle hat die Hirse nicht schon immer gespielt und spielt sie auch heute nicht überall. Denn weltweit gesehen belegt die Hirse — eigentlich müßte man angesichts der Artenvielfalt von „den Hirsen“ sprechen — bei Betrachtung der Anbauflächen mit 112 Millionen Hektar den dritten Rang hinter Weizen und Reis.

Getreide	Anbaufläche Mio ha	Ertrag Mio t	Ertrag t/ha
Weizen	220	328	1,4
Reis	134	299	2,3
Mais	108	271	2,5
Gerste	79	139	1,8
Hirse	**110**	**92**	**0,8**
Hafer	32	55	1,7
Roggen	20	30	1,5

Die Tatsache, daß sie, betrachtet man die Erträge, allerdings von Mais und Gerste überrundet wird und nur den fünften Rang belegt, weist darauf hin, warum die Hirse bei uns so in Vergessenheit geraten ist: Ihr Ertrag pro Anbaufläche ist von allen Getreidearten am geringsten.

Doch wird bei einer solchen Betrachtungsweise einiges übersehen. In solchen Statistiken wird nämlich nicht berücksichtigt, mit welchem Energieaufwand und welchem Düngereinsatz die hohen Erträge erzielt werden.

Der Hochertragsanbau von Mais und Weizen ist nur mit einem immensen Einsatz von Kunstdünger, Spritzmitteln und Energie möglich und dem damit verbundenen Raubbau an Böden und Umwelt. Nitrat im Trinkwasser, die Algenpest in Nord- und Ostsee und insektizidverseuchte Vogelgelege sind leider nur einige von vielen Stichwörtern, die in der letzten Zeit immer öfter im Zusammenhang mit der modernen, chemie-intensiven Landwirtschaft genannt werden.

Die Hirse dagegen ist eins der anspruchslosesten Getreide, sie wächst auch bei ungünstigen Boden- und Klimabedingungen, hat allerdings einen ausgesprochenen Wärmebedarf, gegen niedrigere Temperaturen ist sie sehr empfindlich. Das wird nicht zuletzt durch ihre Bedeutung für die Ernährung in Regionen mit großer Trockenheit, wie z.B. Äthiopien, wo sie zu den wichtigsten Grundnahrungsmitteln gehört, belegt.

In Deutschland erfolgte früher die Aussaat der Hirse Mitte Mai (nach den letzten Frösten), die Ernte im August oder September. Die Pflege ist relativ aufwendig, wie bei Hackfrüchten muß der Boden zwei- bis dreimal gelockert werden, in Bezug auf Düngung und Bewässerung ist die Hirse eher anspruchslos.

Die bei uns in Naturkostläden angebotene Hirse stammt überwiegend aus den USA, der biologische Anbau dort wird nach den Richtlinien der Organisation *Farm Verified Organic*

(FVO) kontrolliert. Der Anbau von Hirse in Europa spielt bisher noch eine untergeordnete Rolle, allerdings gibt es besonders in Italien und Frankreich Bestrebungen, den Hirseanbau zu fördern.

Hirse als Lebensmittel

Um die gesundheitlichen Vorteile der Hirse ranken sich einige Legenden. Bei den Chinesen gehörte die Hirse zu den fünf heiligen Pflanzen. Noch heute wird gesagt, daß die Nordchinesen, die sich von Hirse ernähren, größer und körperlich stärker sind als die Chinesen im Süden, die sich von Reis ernähren.

Auch der griechische Philosoph Pythagoras empfahl Hirse, um Gesundheit und Kraft zu stärken.

Vom Hunnenkönig Attila ist überliefert, daß er seine Gäste ausschließlich mit Hirse bewirtete.

Und noch heute hört man oft, daß regelmäßiger Verzehr von Hirse „Haut und Haare schön macht".

Die moderne Ernährungswissenschaft kann derartige Mythen auf einfache Nährwert-, Vitamin- und Mineralstofftabellen reduzieren.

Es wäre wohl falsch, die Hirse aufgrund ihrer ernährungsphysiologischen Eigenschaften weit über die anderen Getreide zu stellen. Sie unterscheidet sich bezüglich der meisten Inhaltsstoffe nur wenig von anderen Getreidearten und ist so auch nicht grundsätzlich gesünder oder ungesünder als andere Getreide. Wichtig ist, daß sie eine wesentliche Bereicherung der Palette der Vollkornprodukte bietet, und daß Vollkornernährung generell von hohem gesundheitlichen Wert ist.

Die Hirsekörner sind von einer harten unverdaulichen Schale umgeben und nur geschält zum Verzehr geeignet. Allerdings gehen mit der Schale kaum wesentliche Inhaltstoffe verloren, so daß auch das geschälte Korn Vollkorneigenschaften besitzt. Hier liegt ein recht wichtiger Unterschied zu anderen Getreidesorten, insbesondere zum Weizen, bei dem wertvolle Inhaltstoffe in den Randschichten liegen. Allerdings werden bei dem Schälvorgang, der früher — wie auch heute noch in Afrika —

durch manuelles Stampfen vorgenommen wurde und heute durch automatische Schälwalzen geschieht, Teile des Keimlings beschädigt, was die Keimfähigkeit der Körner beeinträchtigt. Nach der strengen Definition handelt es sich also bei Hirse um kein vollwertiges Getreide mehr.

Von der Nährstoffzusammensetzung unterscheidet sich die Hirse nicht wesentlich von anderen Getreidearten.

Nährstoffgehalt von Getreide

Getreide	Kohlehydrate	Eiweiß	biol. Wertigkeit des Eiweiß	Fett
Hirse	71	10	73,2	4
Weizen	60	11	64,0	2
Roggen	61	11	75,8	1,6
Hafer	63	12,6	64,9	7
Gerste	72	11		2
Reis	75	7,4	72,9	2,6
Mais	71	9	59,4	3,8

Nährstoffe in Prozent

Auch was die Vitamine angeht, unterscheidet sich Hirse kaum von anderen Getreiden, erwähnenswert ist ihr Gehalt an den Vitaminen B1 und B2, der in etwa dem des Weizens entspricht.

Interessanter ist da schon die Betrachtung der Mineralstoffe. Neben ihrem Gehalt an Magnesium und Kalium ist besonders der hohe Gehalt an Eisen hervorstechend, der mit 9 mg/100 g weit über dem der anderen Getreidearten liegt. Dies macht die Hirse besonders für Menschen mit Eisenmangel empfehlenswert.

Noch wichtiger allerdings sind die Spurenelemente. Neben besonders Fluor und Silizium sind mit 0,1 mg /100 g beziehungsweise 0,4 mg/100 g in der Hirse sehr viel mehr vorhanden, als in allen anderen Getreidearten.

Fluor und Silizium sind für Wachstum und Gesundheit von Zähnen, Haaren und Knochen von großer Bedeutung. Hier liegt also auch die Erklärung und Berechtigung für den Ruf der Hirse als ,,Schönmacher".

Wichtig scheint in diesem Zusammenhang noch die Erklärung von zwei Phänomenen, die der Hirse einen eher schlechten Ruf eingebracht haben. Im Unterschied zu anderen Getreidearten enthält Hirse mehr Tannine, d.h. Gerbsäuren, die einen negativen Einfluß auf ihren Geschmack haben. Die Tannine binden in Speichel des Mundes bestimmte Eiweiße und sorgen damit für einen stumpfen Geschmack im Mund, ähnlich wie beim Verzehr von Rharbarber.

Der größte Teil der Tannine, die die Lagerfähigkeit des Getreides positiv beeinflußen, befindet sich in der Schale, wird also beim Entspelzen entfernt. Der negative Beigeschmack der Hirse kann durch Wärmebehandlung (Darren) oder aber durch Säureeinwirkung beseitigt werden.

Eine andere Ursache für einen negativen Geschmackseffekt ist die Beschädigung des Keimlings beim Schälen. Dabei wird Keimöl frei, das leicht ranzig wird und so für einen bitteren Beigeschmack sorgt. Dieser Geschmack wird vermieden, wenn man die Hirse vor der Zubereitung kurz mit heißem Wasser überbrüht, das ranzige Öl wird so entfernt.

Da Hirse im Unterschied zu z.B. Weizen kein Klebereiweiß enthält, hat sie für sich alleine keine befriedigenden Backeigenschaften, allenfalls einfache Fladenbrote lassen sich aus Hirse backen. Allerdings ist Hirsemehl gemischt mit Weizenvollkornmehl und anderen Mehlarten durchaus zum Backen von Brot oder Kuchen geeignet, es rundet den Geschmack der Backwaren ab, macht sie knuspriger und reichert sie mit ihren wertvollen Inhaltsstoffen an.

Hirsezubereitung

- **Einweichen.**

Hirse braucht im Unterschied zu anderen Getreiden vor dem Kochen nicht eingeweicht zu werden.
Allerdings ist ein Einweichen von etwa ein bis zwei Stunden vor der Zubereitung empfehlenswert, um die Phytase zu aktivieren. Phytase ist ein Enzym, das im Korn enthalten ist. Es ist in der Lage, das Phytin, ein ebenfalls im Korn enthaltener Inhaltstoff, der die Verdaulichkeit der Mineralstoffe beeinträchtigt, zu spalten und damit zu inaktivieren.
Unbedingt erforderlich ist ein Einweichen beim „rohen" Verzehr von Hirse, z.B. als Frischkornbrei, da die Hirsekörner uneingeweicht zu hart sind. Außerdem werden durch das Einweichen die Inhaltsstoffe der Hirse aufgeschlossen und besser verdaulich gemacht. Auch beim rohen Verzehr von Hirseflocken im Müsli ist der besseren Verdaulichkeit wegen ein Einweichen von ein bis zwei Stunden empfehlenswert.

- **Darren oder Rösten**

Vor dem Kochen kann Hirse gedarrt oder geröstet werden. Das Darren ist eine uralte Form der Zubereitung von Getreide, die den Vorteil hat, daß das Getreide spröder und brüchiger wird und so beim Kochen körniger bleibt. Außerdem wird durch die Hitzeeinwirkung das Getreide leichter verdaulich.
Man kann Hirse darren, indem man die Körner auf einem Backblech flach verteilt und bei 60 bis 80 Grad für etwa 45 Minuten im Backofen trocken erhitzt.
Weniger zeitaufwendig ist ein Rösten vor dem Kochen, indem die gewaschene, abgetropfte Hirse in den trocknen heißen Topf gegeben wird und darin kurz erhitzt wird. Um ein Anbrennen zu vermeiden sollte dabei gerührt werden.

- **Kochen**

Bei den meisten Rezepten in diesem Buch wird die Hirse gekocht. Hirse ist das Getreide mit der kürzesten Kochzeit, obwohl sie ohne Einweichen gekocht werden kann. Die Kochzeit richtet sich nach der Vorbehandlung und dem gewünschten Endzustand der Hirse. Eine lockere körnige Hirse benötigt nur etwa 15 Minuten Garzeit. Besonders wenn die Hirse danach noch weiterverarbeitet und gegart wird, etwa für einen Auflauf oder als Füllung, ist diese Kochzeit völlig ausreichend. Für einen weichen Hirsebrei ohne körnige Struktur wird eine Kochzeit von mindesten 20 Minuten benötigt.
Als Kochflüssigkeit wird meist Wasser genommen, dem Gewürze (Salz) schon zugefügt werden können. Geeignet für pikante Gerichte ist auch Gemüsebrühe, entweder als Kochwasser von Gemüse oder aber in Form von gelöster körniger Brühe.
Die Flüssigkeitsmenge richtet sich auch nach dem gewünschten Ergebnis, für einen weichen Brei wird mehr Flüssigkeit benötigt, als für ein körniges Pfannengericht, sie variiert auch je nach Intensität der Wärmezufuhr.
Als Faustregel kann man von einem Verhältnis Hirse zu Flüssigkeit von 2,5 : 1 ausgehen, kocht man die Hirse mit Milch, muß man etwas mehr Flüssigkeit nehmen.

- **Nachquellen**

Hirse kann energiesparend zubereitet werden, indem man sie nach einer bestimmten Kochzeit nachquellen läßt. Einfach ist dies beim Kochen mit einem Elektroherd, wo man einfach nach dem Ankochen die Herdplatte ausschaltet, die vorhandene Restwärme nutzt und die Hirse im geschloßenen Topf 15 bis 20 Minuten nachquellen läßt. Beim Kochen mit einem Gasherd muß man entweder eine gewisse Wärmezufuhr aufrechterhalten oder aber die Hirse zum Nachquellen an einen warmen oder gut wärmeisolierten Ort stellen, beispielsweise unter ein Federbett oder in eine Kochkiste.

Die Hirse sollte beim Nachquellen in Ruhe gelassen, man sollte weder umrühren, noch den Deckel aufdecken.

- **Schroten und Mahlen.**

Wie alle anderen Getreide kann auch Hirse geschrotet und gemahlen werden. Dabei gilt wie bei allen Vollkornmehlen, die Hirse möglichst kurz vor der Verarbeitung zu mahlen, da das Mehl, wird es gelagert, an Wert verliert.

Bevor es losgeht

Die Zutaten, die in diesem Buch verwendet werden, sind in fast jedem Naturkostladen erhältlich.

Bei Hirse wird im Handel häufig sowohl konventionell als auch kontrolliert biologisch angebaute Ware angeboten. Hier ist — auch wenn es etwas teurer ist — immer der biologisch angebauten Hirse den Vorzug zu geben.

Auch die in einigen Rezepten verwendeten **Hirseflocken** sind in Naturkostläden erhältlich. Die Flocken stellt man her, indem die Hirsekörner mit Dampf erhitzt und anschließend mit Walzen gepreßt werden. Durch den Preßvorgang wird empfindliches Keimöl frei, Hirseflocken sind deshalb nur begrenzt haltbar. Man sollte sich immer nur für wenige Monate damit bevorraten.

In den einzelnen Rezepten wird nicht gesondert darauf hingewiesen, daß man auch bei **Obst und Gemüse** auf biologischen Anbau Wert legen sollte. Eine der Intentionen dieses Kochbuchs ist, auf die ökologischen Aspekte unserer Ernährung aufmerksam zu machen. Es liegt deshalb nahe, auch bei der Auswahl der anderen Zutaten auf umweltgerechten Anbau zu achten.

Neben der ökologischen ist natürlich auch die gesundheitliche Seite wichtig. Wenn also z.B. in den Rezepten neben der Hirse noch andere Getreide vorkommen, heißt das immer, daß damit **Vollkornprodukte** gemeint sind, die Herstellung von Auszugsmehlen ist eine unsinnige Verschwendung von Nährstoffen.

Bei **Salz**, das in manchen Rezepten angegeben, ist es empfehlenswert, unraffiniertes Meersalz zu verwenden. Die Mengenangaben bei Salz und Gewürzen verstehen sich als Anhaltswerte, hier sollte sich jeder nach seinem eigenen Geschmack richten. Insbesondere für Salz gilt: je weniger, um so besser. Der Eigengeschmack der Speisen sollte nicht „versalzen" werden, wir nehmen mit unserer Nahrung ohnehin meist immer noch zuviel Salz auf.

Als **Süßungsmittel** wird in den Rezepten Honig verwendet. Er kann z.B. auch durch Ahornsirup oder Birnendicksaft ersetzt werden. Die Dosierungen sind auch hier nur Anhaltswerte, die nach dem eigenen Geschmack verändert werden können.

Was für die pflanzlichen Zutaten gilt, gilt auch für die **tierischen Produkte**. Sowohl bei Eiern als auch bei Milchprodukten ist es sinnvoll, sich zu informieren, wie diese Lebensmittel produziert werden. Man sollte auch hier Produkte aus biologischer Landwirtschaft (artgerechter Haltung) bevorzugen.

Alle **Rezepte** im Buch sind — wenn nichts anderes angegeben ist — **für vier Personen** gerechnet.

Frühstücksideen

Saat-Müsli

Pro Person: 3 EL Hirse / 3 EL Wasser / 3 EL Haferflocken / 1 TL Sesam / 1 TL gemahlener Mohn / 1 TL Leinsaat / 1 TL Sonnenblumenkerne / 1 EL Rosinen / 1 EL Honig / 1 EL Sahne / 1 Banane / etwas Zimt

Die Hirse über Nacht in soviel Wasser einweichen, daß sie gerade bedeckt ist. Am Morgen mit den Haferflocken, der zerdrückten Banane und den übrigen Zutaten vermischen.

Frischkorn-Müsli

Pro Person: 3 EL Hirse / 3 EL Orangensaft 3 EL Joghurt / 2 EL Haferflocken / 1 EL Hirseflocken / ca. 5 Mandeln / 1 EL Rosinen / 1/2 TL Leinsamen / 1/2 TL Sesam / 1 TL Buchweizen

Die gewaschene Hirse über Nacht im Orangensaft einweichen. Am Morgen die anderen Zutaten zugeben und gut verrühren.

Karotten-Müsli

Pro Person: 3 EL Hirse / 1 EL Haferflocken / 1 Karotte / 1 Apfel / 1 Banane / 1 EL Honig / 1 EL Rosinen / 1 EL Sonnenblumenkerne / 1 EL Sesamsaat

Die Hirse mittelfein schroten und über Nacht in soviel Wasser einweichen, daß sie gerade bedeckt ist. Am nächsten Morgen mit den Haferflocken vermischen. Die Karotte und die Hälfte des Apfels fein reiben und daruntermischen. Die andere Hälfte des Apfels und die Banane kleinschneiden und dazugegeben. Zum Schluß die restlichen Zutaten untermengen.
Falls das Müsli zu trocken ist, noch etwas Apfelsaft zugeben.

Körnermix

Pro Person: 2 EL Hirse / 2 EL Weizen / 2 EL Hafer / 1 EL Sesam / 1/8 l Milch / 1 EL Erdnußmuß

Das Getreide grob schroten und mit soviel Wasser über Nacht einweichen, daß es gerade bedeckt ist. Sesam, Milch und Erdnußmus mit dem Getreide verrühren.

Sprossenmüsli

Pro Person: je 1 EL Weizen-, Alfalfa- und Kressesprossen / 2 EL Hirseflocken / 1/2 Apfel / 1/2 Banane / 1 EL Rosinen / 1 EL Zitronensaft / 1 TL Honig / 2 EL süße Sahne

Die Keime mit den Hirseflocken mischen. Das Obst zerkleinern und mit den Rosinen zu den Keimen geben. Aus Zitronensaft, Honig und Sahne eine Marinade mischen und das Müsli damit übergießen.

Beerencreme

Pro Person: 2 EL Beeren (Erdbeeren, Himbeeren usw.) / 2 El Hirseflocken / 2 EL Haferflocken / 1 EL Sesamsaat / 1/2 Becher Joghurt / 1 TL Honig

Die Beeren leicht zermusen, ein paar zum Garnieren zurückbehalten. Die Flocken und die Sesamsaat daruntermischen. Mit dem Joghurt und dem Honig verrühren.

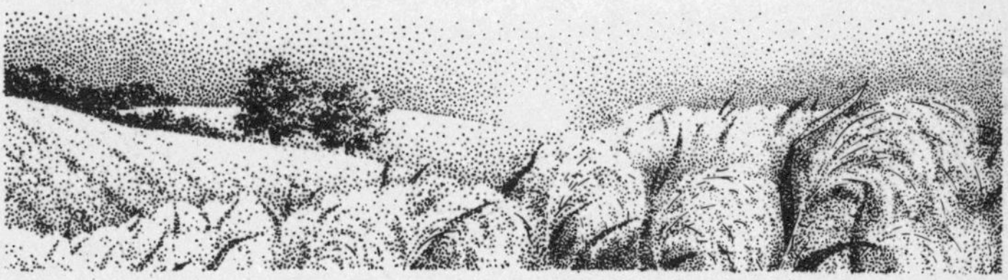

Buttermilch-Müsli

Pro Person: 1/4 l Buttermilch / 3 EL Hirseflocken / 2 EL Haferflocken / 50 g Obst nach Jahreszeit / 2 EL Leinsamen / Honig nach Geschmack

Buttermilch in eine Schüssel geben, das Obst hineinschneiden oder -raspeln. Die übrigen Zutaten untermischen und nach Geschmack mit Honig süßen.

Flocken-Müsli

Pro Person: 2 EL Hirseflocken / 3 EL Haferflocken / 1 EL Rosinen / 1/2 Apfel / 1 EL Nüsse / 1 TL Honig / 1/8 l Milch oder 125 g Joghurt

Den Apfel grob raspeln, die Nüsse fein hacken. Flocken, Rosinen, Apfel und Nüsse mischen. Mit Milch oder Joghurt verrühren und nach Geschmack mit Honig süßen.

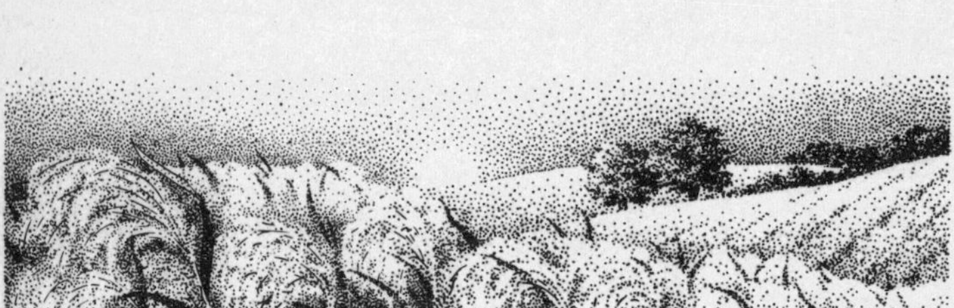

Frucht-Müsli

Pro Person: 1/4 l Joghurt / 2 EL Hirseflocken / 2 EL Haferflocken / 1 EL Kokosraspeln / 1 EL Nüsse / 2 EL Honig / 1 Banane / 1 Pfirsich / 1 Apfel / Zimt / Ingwer / Vanille

Den Joghurt mit den gemahlenen Nüssen, dem Honig und den Gewürzen verrühren. Die Flocken unterheben, die kleingeschnittenen Früchte darübergeben.
Mit Kokosraspeln bestreuen.

Karotten-Flocken-Müsli

Pro Person: 1 Karotte / 1 TL Honig / Saft von 1 Orange / 3-4 Datteln / 20 g Sonnenblumenkerne / 2 EL Hirseflocken

Karotte fein raspeln. Honig und Orangensaft dazugeben, die Datteln hineinschneiden und zusammen mit den Sonnenblumenkernen und Hirseflocken gut durchmischen.

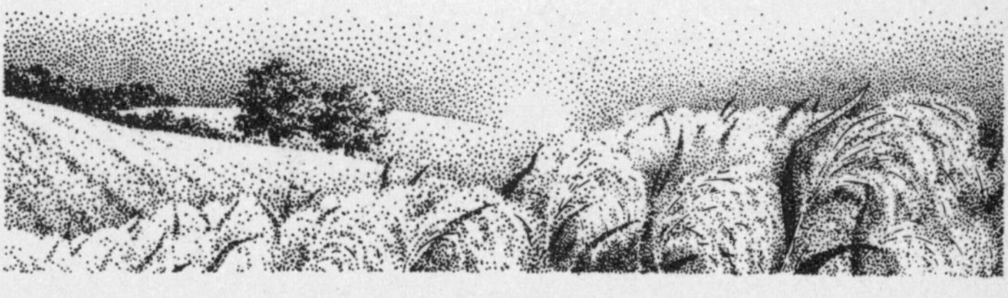

Kohlrabifrühstück

Pro Person: 80 g Hirse / 1/4 l Wasser / 1 Kohlrabi / 3 EL Kokosflocken / 4 EL Joghurt

Die Hirse im Wasser zum Kochen bringen und 20 Minuten quellen lassen. Den Kohlrabi schälen und raspeln, die Kokosflocken dazugeben und mit der Hirse und dem Joghurt gut durchmischen.

Karottenbrei

Pro Person: 70 g Hirse / 1/4 l Milch / 1/2 Apfel / 1 Karotte / 2 EL Nüsse / 2 EL Buttermilch / 1 TL Honig oder Sirup

Die Hirse in der Milch aufkochen und ausquellen lassen. Karotte und Apfel raspeln und zum Hirsebrei geben. Die Nüsse grob hacken. Mit Buttermilch, Honig oder Sirup dazurühren.

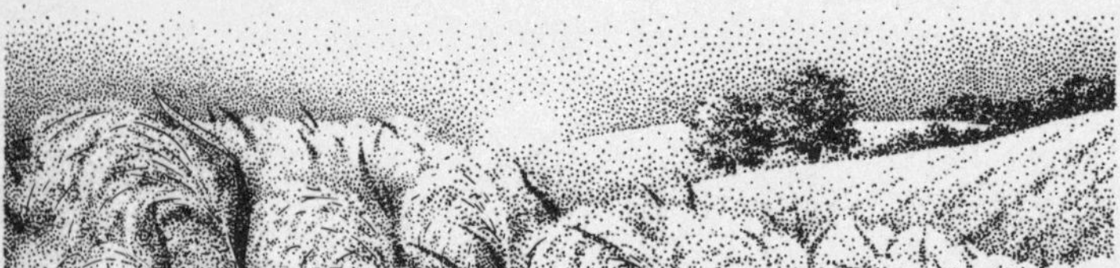

Brotaufstrich

1 1/4 Tassen Wasser / 1/2 Tasse Hirse / 1 TL Gemüsebrühe / 1 Zwiebel / 100 g Champignons / Öl / 1/4 TL grüner Pfeffer / 1 TL Majoran / 1 TL Thymian / 1/2 TL Kräutersalz / 75 g Butter

Die Hirse mit Wasser und Gemüsebrühe aufkochen und zugedeckt 30 Minuten quellen lassen. Die Zwiebel fein hacken, Champignons kleinschneiden und in etwas Öl glasig dünsten. Zusammen mit der gekochten Hirse, den Gewürzen und der Butter im Mixer zu einer feinen Paste pürieren.
Der Brotaufstrich ist im Kühlschrank aufbewahrt etwa eine Woche haltbar.

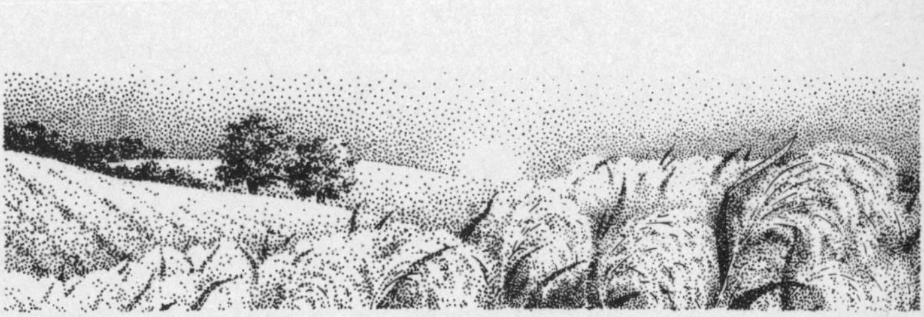

Suppen

Hirsesuppe

1 l Nudelwasser oder Gemüsebrühe / 1 Tasse gekochte Hirse / 1 TL Majoran / Thymian / Muskat / Salz

Nudelkochwasser ist eine gute Grundlage für eine herzhafte Hirsesuppe. Die Brühe mit den Zutaten einmal kurz aufkochen lassen und abschmecken.

Cremesuppe

2 Zwiebeln / Öl/ 1 Stange Lauch / 1 Karotte / 1 Kohlrabi / 1 l Wasser / 1 TL Salz / Thymian / 100 g Hirse / 2 EL Sojasoße

Die Zwiebeln fein würfeln und in Öl anbraten. Das Gemüse kleinschneiden, zu den Zwiebeln geben und andünsten. Mit Wasser aufgießen, würzen und die gewaschene Hirse langsam einrühren.
Die Suppe bei schwacher Hitze etwa 30 Minuten köcheln lassen, zum Schluß mit der Sojasoße würzen.

Brennesselsuppe

100 g Hirse / 1 l Gemüsebrühe / 1 Zwiebel / 2 EL Öl / 200 g junge Brennesselblätter / Muskat

Die Hirse in einem Viertel der Brühe aufkochen und 20 Minuten quellen lassen.
Die Zwiebel würfeln und im Öl anrösten, die Brennesselblätter kleinschneiden, zu der Zwiebel geben und kurz dünsten. Den Hirsebrei dazugeben, mit der restlichen Brühe auffüllen. Mit Muskat abschmecken.

Liebstöckelsuppe

80 g Hirse / 1/2 l Gemüsebrühe / 1/4 l Milch / 10 g Butter / Liebstöckel / Kerbel / Muskat / Salz

Die Hirse grob mahlen und in die kochende Gemüsebrühe einrühren. 5 Minuten kochen lassen, dann Milch und Butter hinzufügen.
Solange bei kleiner Hitze quellen lassen, bis die Hirse gar ist. Zum Schluß mit den Kräutern und Gewürzen abschmecken.

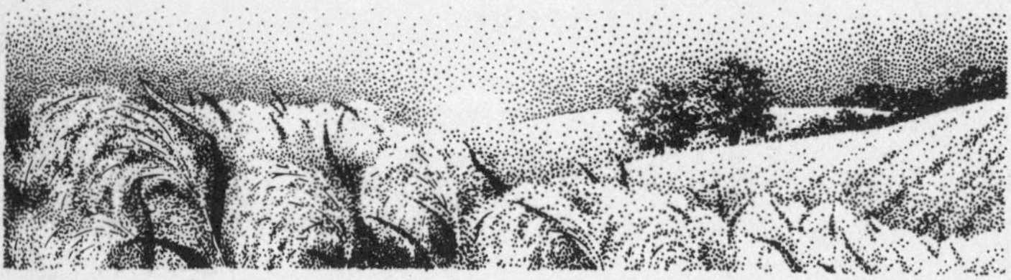

Dillsuppe

150 g Hirse / 1 l Gemüsebrühe / 200 g Staudensellerie / 1 Bund Dill / Salz / Pfeffer / Muskat / 5 EL saure Sahne

Die Hirse im trockenen Topf kurz anrösten und mit der Gemüsebrühe aufgießen. 10 Minuten köcheln lassen. Sellerie in feine Scheiben schneiden, zur Brühe geben. 10 Minuten bei schwacher Hitze ziehen lassen. Den Dill sehr fein schneiden, zur Suppe geben. Würzen und die saure Sahne unterziehen.

Käsesuppe

20 g Butter / 1 Zwiebel / 100 g Hirse / 1 l Gemüsebrühe / 1 Tomate / Kräuter / 2 Knoblauchzehen / 50 g geriebener Käse

Die Zwiebel fein würfeln und in der Butter glasig dünsten, die Hirse dazugeben und mitdünsten. Die Tomate kleinschneiden und dazugeben. Mit Gemüsebrühe aufgießen und etwa 20 Minuten garen. Mit den Kräutern und den zerdrückten Knoblauchzehen abschmecken. Die Suppe auf Teller verteilen und mit geriebenem Käse bestreuen.

Schrotsuppe

100 g Hirse / 1 kleine Zwiebel / 20 g Butter / 1 Stange Lauch / 2 Karotten / 1 Staudensellerie / 1 l Wasser / Salz / Pfeffer / frische Kräuter

Die Hirse grob schroten und mit der gewürfelten Zwiebel in der Butter anrösten. Das Gemüse putzen und kleinschneiden, zu der Hirse geben und kurz mitschmoren. Mit dem Wasser aufgießen und würzen.
Das Ganze etwa 15 Minuten köcheln lassen und kurz vor dem Servieren, wenn das Gemüse gar ist, die Kräuter dazugeben.

Kaltschale

100 g Hirseflocken / 1 l Buttermilch / 1 Zitrone / 2 EL Honig 500 g frisches Obst (Beeren oder Kirschen)

Die Hirseflocken in der Buttermilch 3 bis 4 Stunden einweichen, mit Honig, abgeriebener Zitronenschale und Zitronensaft abschmecken. Das Obst zerkleinern und in die Kaltschale rühren. 2 Stunden durchziehen lassen und gut gekühlt servieren.

Hirsesternsuppe

Für die Hirsesterne: 150 g Hirse / 2 Eier / 1/8 l Milch / 1/4 TL Curcuma / 1/2 TL Salz / frische Kräuter
Für die Suppe: 1 l Wasser / 1 Karotte / 1 Stange Lauch / 2 Bund Suppengrün / 1 kleiner Blumenkohl / 1 TL Salz

Die Hirse fein mahlen, mit den Gewürzen und den feingehackten Kräutern mischen. Die Milch erhitzen, über das Mehl geben und gut verrühren. Die Masse abkühlen lassen, inzwischen den Backofen auf 200° C vorheizen.
Die Eier trennen, die Eigelb unter die Hirse ziehen. Die Eiweiß zu sehr festem Schnee schlagen und vorsichtig unter den Hirsebrei heben.
Die fertige Masse auf ein gut gefettetes Backblech dünn ausstreichen und im Backofen etwa 25 Minuten backen.
Für die Brühe das Gemüse (bis auf den Blumenkohl) kleinschneiden und in Salzwasser bei kleiner Hitze garen. Nach etwa 10 Minuten den in Röschen zerteilten Blumenkohl dazugeben.
Aus der fertig gebackenen Hirsemasse kleine Sterne ausstechen und in der Suppe servieren.

Hirse als Beilage

Hirse pikant

20 g Öl / 1 TL Chinagewürz / 1 kleine Zwiebel / 1 Tasse Hirse / 2 Tassen Wasser / 1 TL Salz

Die Zwiebel fein schneiden und zusammen mit dem Chinagewürz im heißen Öl glasig dünsten. Hirse zugeben und mit Wasser auffüllen. Die Hirse 15 Minuten leicht kochen lassen, Salz zugeben und auf der heißen Platte weitere 15 Minuten ausquellen lassen.
Die Hirse sollte locker und trocken sein. Diese Speise kann zu Gemüse und Salaten gereicht oder auch zu anderen Gerichten weiterverarbeitet werden.

Erdnußhirse

200 g Hirse / 3/4 l Wasser / 200 g geröstete, gesalzene Erdnüsse

Die Hirse waschen und mit dem Wasser zum Kochen bringen, 15 Minuten quellen lassen. Die Erdnüsse untermischen und weitere 5 Minuten quellen lassen.

Hirse mit Buchweizen

20 g Öl / 1 TL Chinagewürz / je 1/2 Tasse Hirse und Buchweizen / 2 1/2 Tassen Wasser / 1 TL Gemüsebrühe / 1 TL Salz / Muskat und Majoran

Hirse mit Buchweizen im Fett andünsten, mit dem Wasser ablöschen, Gewürze dazugeben und 15 Minuten kochen, dann noch 15 Minuten quellen lassen.
Mit Blumenkohl in Rahmsoße oder frischem Salat servieren.

Hirserand

1 Zwiebel / 3 EL Öl / 400 g Hirse / 1 l Gemüsebrühe / Salz / 100 g geriebener Käse

Die gewürfelte Zwiebel in Öl leicht anrösten, die Hirse dazugeben. Mit der Gemüsebrühe aufgießen und 25 Minuten ausquellen lassen. Den Käse untermischen.
Die gegarte Hirse in eine gefettete Ringform drücken und 15 Minuten zum Nachquellen warmstellen. Die Hirse auf eine Platte stürzen. Mit gedünstetem Gemüse anrichten.

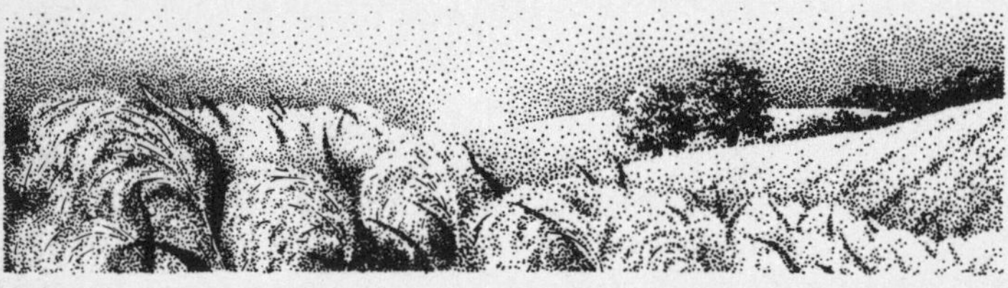

Klöße

160 g Hirse / 1/2 l Wasser / 1 Lorbeerblatt / Salz / Piment / 150 g Magerquark / 2 EL Öl / 60 g feine Haferflocken / 1 Knoblauchzehe / Koriander

Die Hirse im Wasser mit dem Lorbeerblatt, Piment und etwas Salz 10 Minuten kochen, nachquellen und abkühlen lassen.
Quark und Öl verrühren, mit den Haferflocken und den Gewürzen unter die Hirse mischen.
Aus dieser Masse mit einem Eßlöffel Klöße formen. In kochendem Wasser garen, bis sie an die Oberfläche kommen.
Wenn die Konsistenz der Klöße zu locker ist, mehr Haferflocken, wenn sie zu fest ist, mehr Quark dazugeben.

Quarkklöße

1 Tasse Hirse / 1 1/2 Tasse Wasser / 150 g Vollweizengrieß / 5 EL Öl / 2 Eier / 250 g Magerquark / 1/2 Zwiebel / 2 EL Buchweizen / Salz / Muskat / Koriander / Petersilie / Majoran

Hirse mit Wasser aufsetzen, 15 Minuten leise kochen und anschließend 15 Minuten quellen lassen. Buchweizen fein mahlen, Zwiebel fein würfeln.
Alle Zutaten mischen. In einem großen Topf Salzwasser erhitzen. In das schwach kochende Wasser die mit feuchten Händen geformten Klöße geben und 15 bis 20 Minuten ziehen lassen. Die Klöße dürfen nicht sprudelnd kochen, sonst fallen sie auseinander.
Mit Tomatensoße und frischen Salat servieren.

Kräuterklöße

250 g Hirse / 1/2 l Wasser / Salz / 50 g Butter / 1/2 Zwiebel / 3 Eier / frische Kräuter / Kräutersalz / Muskat / Paprika / 20 g fein geriebene Kartoffel

Die Hirse mit etwas Salz in das kochende Wasser geben und bei kleiner Hitze etwa 20 Minuten ausquellen lassen.
Die Zwiebel würfeln, in der Butter andünsten und mit den Eiern und den gehackten Kräutern unter den ausgekühlten Hirsebrei mischen.
Die Masse gut durchkneten und mit den Gewürzen abschmekken. Zum Binden etwas geriebene Kartoffel unter den Hirseteig arbeiten.
Reichlich Wasser mit etwas Salz zum Kochen bringen, ein Lorbeerblatt dazugeben.
Aus der Masse Klöße formen und etwa 15 Minuten im Salzwasser ziehen lassen.

Petersilienklöße

250 g Hirseflocken / 1/4 l Wasser / 1 Zwiebel / 2 EL Öl / Muskat / Petersilie / Salz / 1 Ei

Die Hirseflocken mit kochendem Wasser übergießen und auskühlen lassen. Die Zwiebel fein hacken, in Öl dünsten, mit den Gewürzen und der Petersilie mischen und zusammen mit dem Ei zu den Hirseflocken geben. Alles gut vermischen und aus der Masse Klöße formen. In reichlich kochendem Wasser kochen lassen, bis sie hochsteigen.

Flockenbratlinge

200 g Hirseflocken / 1/2 l Gemüsebrühe / 2 Zwiebeln / einige Sellerieblätter / 1 Ei / Weizenschrot / Salz / Öl

Die Hirseflocken mit heißer Gemüsebrühe übergießen und 2 Stunden quellen lassen. Die Zwiebeln würfeln und in Öl andünsten, die feingehackten Sellerieblätter kurz mitdünsten lassen. Mit dem Ei, etwas Schrot und Salz einen festen Teig rühren. Mit dem Löffel Bratlinge abstechen und in Öl braten.

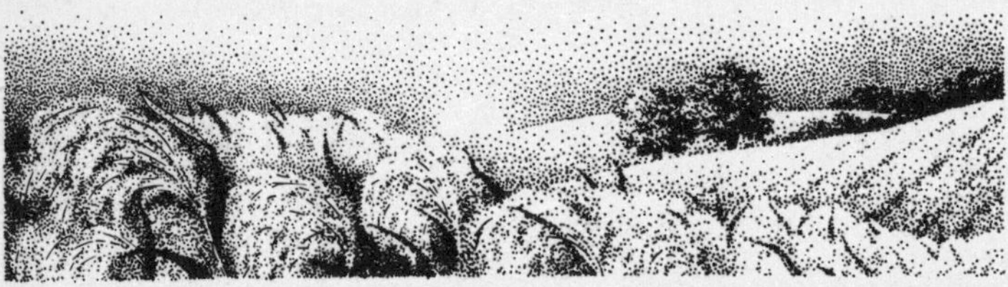

Käsebratlinge

250 g Hirse / 3/4 l Wasser / Salz / 1 EL Öl / 2 Zwiebeln / 1 Ei / 50 g geriebener Käse / 1 TL Paprika, edelsüß / Öl zum Braten

Die Hirse mindestens 6 Stunden einweichen, etwas Salz zugeben und mit dem Einweichwasser 25 Minuten kochen. Die Zwiebeln würfeln, in Öl dünsten. Zwiebeln, Ei, Käse und Paprika mit der etwas abgekühlten Hirse mischen. Aus der Masse Bratlinge formen, in Öl goldgelb braten.

Kroketten

200 g Hirse / 1/2 l Wasser / 1 TL Salz / 1 Zwiebel / 1 Karotte / 1 Ei / 4 TL Weizenmehl / 1 TL Salz / 1/4 TL Muskat / Öl

Die Hirse mit Wasser und Salz aufkochen und 25 Minuten ausquellen lassen. Die Zwiebel würfeln, die Karotte raspeln. Alle Zutaten verkneten. Aus dem Teig mit feuchten Händen kleine Rollen formen, in Öl braun backen.

Gemüsegerichte

Hirse in Tomatensoße

200 g Hirse / 1/2 l Gemüsebrühe / 1 Zwiebel/ 4 Tomaten / 1/4 l Gemüsebrühe / 100 g Emmentaler / Öl / Majoran / Rosmarin / Pfefferminze

Die Hirse in der Gemüsebrühe zum Kochen bringen und 20 Minuten quellen lassen. Die Zwiebeln würfeln und in heißem Öl dünsten, die enthäuteten und gewürfelten Tomaten zugeben, mit Gemüsebrühe ablöschen. Die Hirse und die Kräuter untermischen und mit geriebenen Käse bestreuen.

Karottenküchle

1 1/2 Tassen gekochte Hirse / 1 1/2 Tassen Gerstenflocken / 3 Karotten / 4 Eier / 6 EL Öl / Majoran / Salz / Öl

Die gekochte Hirse mit den Gerstenflocken mischen. Karotten fein reiben und zusammen mit den übrigen Zutaten mischen. In reichlich heißes Öl geben und goldbraun braten.

Pilzhirse

*200 g Hirse / 1/2 Liter Wasser / Salz / Curry /
3 Zwiebeln / 2 EL Öl/ 250 g Champignons / Pfeffer / Salz /
Majoran / 1 EL Sojasoße / 2 EL süße Sahne*

Die Hirse im Wasser mit Salz und Curry aufkochen und 20 Minuten quellen lassen. Währenddessen die Zwiebeln in Ringe schneiden und in Öl andünsten. Die Pilze halbieren und kurz mitdünsten. Nach etwa 10 Minuten mit Gewürzen abschmecken, Sojasoße und Sahne unterrühren. Pilze und Hirse mischen.

Hirse mit Meerrettichsoße

*300 g Hirse / 1 l Gemüsebrühe / 4 EL Öl / 1 Zwiebel /
80 g Weizenschrot / 1/2 l Milch / Salz / 50 g Meerrettich*

Die Hirse mit der Gemüsebrühe zum Kochen bringen, 30 Minuten quellen lassen. Die Zwiebel würfeln, in Öl anrösten. Weizenschrot dazugeben, nach 5 Minuten mit Milch auffüllen und ausquellen lassen. Den roh geriebenen Meerrettich dazugeben und mit Salz abschmecken. Die Hirse mit der Soße übergießen.

Tomatengratin

300 g Hirseflocken / 1/2 l Gemüsebrühe / 1 Zwiebel / 3 EL Öl/ 200 g Pilze / Salz / Majoran / 4 Tomaten / 20 g Butter

Die Hirseflocken in heißer Gemüsebrühe 10 Minuten einweichen. Die Zwiebel würfeln und im Öl andünsten, die kleingeschnittenen Pilze und nach 5 Minuten auch die Flocken dazugeben. Würzen und in eine gefettete Auflaufform füllen, mit den in Scheiben geschnittenen Tomaten belegen und Butterflöckchen darauf verteilen. Im vorgeheizten Backofen bei 200° C 30 Minuten überbacken.

Kürbis-Hirse

200 g Hirse / 1/2 l Gemüsebrühe / 250 g Kürbis / 2 Tomaten / etwas Butter / 100 g geriebener Käse

Die Hirse in der Gemüsebrühe bei schwacher Hitze 10 Minuten quellen lassen. Den Kürbis kleinschneiden, die Tomaten enthäuten und pürieren. Beides mit etwas Butter zur Hirse geben und noch 15 Minuten garen lassen. Mit Käse bestreut servieren.

Rübchenhirse

300 g Steckrüben / Wasser / Salz / 200 g Hirse / etwas Butter

Die Rüben in Scheiben schneiden und in wenig Salzwasser dämpfen. Währenddessen die Hirse in Wasser ebenfalls zum Kochen bringen, 10 Minuten anquellen gelassen. Die vorgequollene Hirse auf die Rüben geben, das Ganze weitere 15 Minuten ausquellen lassen (nicht umrühren). Butter zerlassen und darübergeben, nochmals kurz ziehen lassen. Zum Servieren auf einen Teller stürzen, damit die Rüben oben sind.

Porreehirse

150 g Hirse / 1/2 l Gemüsebrühe / 3 Stangen Lauch / 2 Zwiebeln / 125 g Crème fraîche / Salz / frische Kräuter / Butter

Hirse in Gemüsebrühe aufkochen, 20 Minuten quellen lassen. Lauch und Zwiebeln putzen, in Ringe oder feine Würfel schneiden, in 2 EL Wasser dünsten. Crème fraîche und Gewürze zufügen. Das Gemüse mit der Hirse vermengen. Zum Schluß einen Stich Butter unterziehen.

Hirse mit Blumenkohl

*200 g Hirse / 1/2 Liter Wasser / Salz /
1 Blumenkohl / 150 g Emmentaler*

Die Hirse im Salzwasser zum Kochen bringen und 20 Minuten ausquellen lassen. Den Blumenkohl putzen, vierteln und in wenig Wasser 20 Minuten garen. Die Hirse in eine Kasserolle geben, den Blumenkohl darauf verteilen, mit Käsescheiben bedecken und 15 Minuten im Ofen bei 200° C gratinieren.

Blumenkohl-Püree

*1 Blumenkohl / 2 EL Sonnenblumenöl / 1 EL Sojasoße /
Muskat / 1/2 l Wasser / 150 g Hirse /
Butter / frische Kräuter*

Den Blumenkohl putzen und in Röschen zerteilen. Die Blumenkohlröschen im Öl goldgelb anbraten und mit Sojasoße und Muskat würzen. Wasser und Hirse dazugeben und eine halbe Stunde köcheln lassen. Im Mixer pürieren und mit Butterflocken und frischen fein gehackten Kräutern servieren.

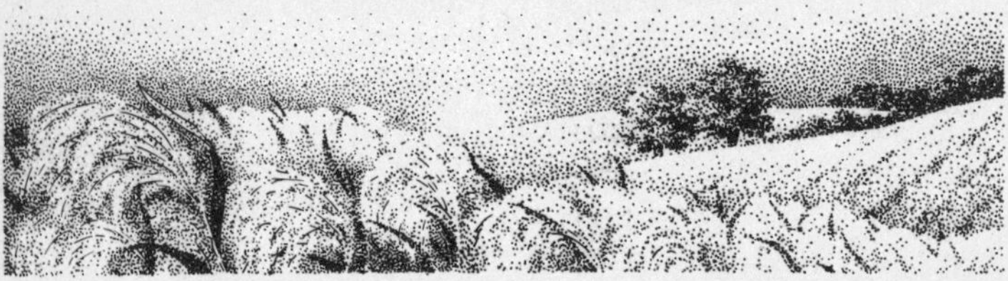

Rosenkohl mit Sojanüssen

250 g Hirse / 3/4 l Gemüsebrühe / 250 g Rosenkohl / 3 EL gelbe Sojabohnen / 1 TL Sojasauce / Muskat / frische Kräuter

Die Sojabohnen über Nacht in Wasser einweichen. Auf ein Sieb geben und abtropfen lassen. Den Backofen auf 200° C vorheizen. Die Sojabohnen auf ein ungefettetes Blech geben und im heißen Ofen etwa 20 Minuten rösten, bis sie goldgelb und knackig sind.

In der Zwischenzeit die Hirse mit der Brühe aufkochen, 20 Minuten quellen lassen. Den Rosenkohl waschen, putzen, kleinschneiden und in wenig Wasser dünsten.

Die Sojanüsse mit der Sojasauce verrühren und zu der gegarten Hirse geben. Den Rosenkohl vorsichtig unterheben. Mit Muskat und frischen Kräutern würzen.

Gemüsegratin

*1 Zwiebel / 75 g Hirse / 10 g Butter /
200 ml Gemüsebrühe / Pfeffer / Salz / Majoran /
200 g Champignons / 100 g Karotten / 200 g Zucchini /
1 Ei / 1/8 l Milch / Muskat / Kräuter / 1/8 l saure Sahne*

Die Zwiebel würfeln, mit der Hirse in Butter andünsten. Mit der Gemüsebrühe ablöschen und zugedeckt 15 Minuten garen lassen.

Die Pilze und das Gemüse putzen und kleinschneiden. Zunächst die Champignons ohne Fett in einer Pfanne 5 Minuten andünsten, dann die Möhren zugeben, nach weiteren 2 Minuten die Zucchini, zum Schluß das Ganze würzen.

Die gegarte Hirse in eine Auflaufform füllen, das Gemüse darauf verteilen. Das Ei mit der Milch verrühren und über das Gemüse gießen.

Den Auflauf im Backofen bei 200° C etwa 25 Minuten garen.

Die Kräuter fein hacken, mit der Sahne verrühren und vor dem Servieren über den Auflauf geben.

Champignongratin

1 EL Öl / 1 Zwiebel / 200 g Hirse / 1/2 l Gemüsebrühe / Pfeffer / Salz / Hefeflocken / 1 Lorbeerblatt / 200 g Champignons / 200 g Erbsen / 10 g Sojamehl / 2 Eier / 6 EL Milch / Muskat / Salz / Kräuter / 50 g geriebener Käse

Die Zwiebel würfeln und in Öl anbraten. Die gewaschene Hirse dazugeben und kurz andünsten. Die heiße Brühe dazugeben, mit den Hefeflocken und den Gewürzen abschmecken. Lorbeerblatt dazugeben und zugedeckt 15 Minuten köcheln lassen. Die gegarte Hirse mit den kleingeschnittenen Pilzen, den Erbsen, der zerdrückten Knoblauchzehe und dem Sojamehl vermischen. Die Masse in eine gefettete Auflaufform geben.
Die Eier mit Milch, Gewürzen und den Kräutern verquirlen und über die Champignonhirse geben. Mit dem geriebenen Käse bestreuen.
Bei 220° C 15 Minuten im Ofen überbacken.

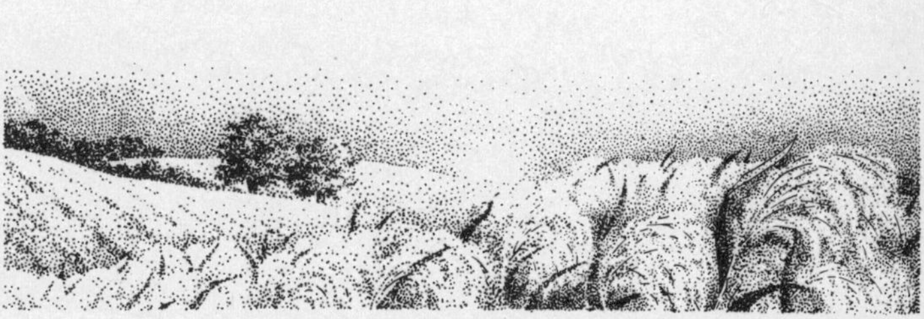

Karottenauflauf

150 g Hirse / 1/2 l Wasser / Salz / 400 g Karotten / Koriander / Salz / 250 g Quark / 2 EL Öl / 50 g Hirseflocken / Liebstöckel / Kerbel

Die Hirse im Wasser 10 Minuten kochen, salzen und nachquellen lassen. Die Karotten in Scheiben schneiden, in wenig Wasser dünsten, mit Salz und Koriander würzen.
Die gegarte Hirse mit dem Quark, dem Öl und den Flocken mischen, mit den Gewürzen abschmecken.
Die Hälfte der Hirse-Quark-Masse in eine gefettete Auflaufform geben, die Karotten darauf verteilen und den Rest der Hirse darüberstreichen.
Im vorgeheizten Backofen bei 180° C 30 Minuten überbacken.

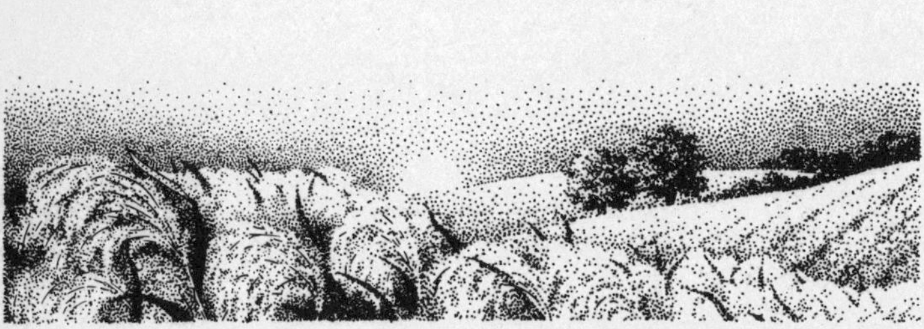

Paprikaauflauf

250 g Hirse / 1/2 l Milch /
2 grüne Paprikaschoten / Öl / 2 Eier / Gewürze /
6 Tomaten / 150 g geriebener Käse

Die Hirse in der Milch ankochen, bei schwacher Hitze 20 Minuten quellen lassen.
Inzwischen die Paprika entkernen, in kleine Stücke schneiden und bei geringer Hitze in Öl andünsten.
Die Eier trennen, das Eigelb mit Thymian, Majoran, Salz und Pfeffer cremig rühren, das Eiweiß zu Schnee schlagen. Die Tomaten enthäuten und in kleine Würfel schneiden.
Alle Zutaten mischen und in eine gefettete Auflaufform geben, mit dem Käse bestreuen und im Ofen bei 200° C 50 Minuten backen.
Mit Salat servieren.

Rosenkohl im Römertopf

200 g Hirse / 1/2 l Gemüsebrühe /
2 Zwiebeln / 3 Tomaten / 500 g Rosenkohl /
Butterflocken / 2 EL saure Sahne / Muskat, Pfeffer

Den Römertopf wässern. In der Zwischenzeit die Hirse in der Brühe ankochen und bei schwacher Hitze 20 Minuten quellen lassen.
Die Zwiebeln in Ringe schneiden, die Tomaten würfeln und den Rosenkohl putzen.
Alle Zutaten miteinander vermischen, in den Römertopf geben, die Butterflocken darüber verteilen. Im Ofen bei 200° C 90 Minuten garen. Die saure Sahne unterheben und weitere 10 Minuten in den Ofen geben.
Vor dem Servieren mit Muskat bestreuen und mit Pfeffer abschmecken.

Rosenkohlauflauf

200 g Hirse / 1/2 l Gemüsebrühe / 500 g Rosenkohl / Salz / 2 Zwiebeln / Öl / 250 g Magerquark / 4 EL Milch / Muskat / Sojasoße / Pfeffer / Kräuter

Die Hirse in der Gemüsebrühe zum Kochen bringen und 20 Minuten quellen lassen. Den Rosenkohl putzen und in wenig Salzwasser 5 Minuten dünsten. Die Zwiebeln in Ringe schneiden und in Öl anbraten. Etwas abkühlen lassen, den Quark und die Milch dazugeben und verrühren. Mit den Gewürzen und der Sojasoße abschmecken.
Die Hirse in eine gefettete Auflaufform geben, den Rosenkohl darüber schichten, die Quarkmasse darauf verteilen. Mit Kräutern bestreuen
Im Backofen bei 250° C etwa 20 Minuten backen.

Schicht-Auflauf

2 Zwiebeln / 4 EL Öl / 250 g Hirse / 1/2 l Wasser / 1 TL Salz / 1 TL Curry / 250 g Lauch / 250 g Karotten/ 300 g Spinat / 1 Lorbeerblatt / Kräutersalz / Pfeffer / Muskat / Curry / Öl / 150 g geriebener Käse / 125 g Joghurt / 2 Eier

Die Zwiebeln würfeln, eine davon in der Hälfte des Öls andünsten. Die Hirse hinzugeben, mit Wasser aufgießen, mit Salz und Curry würzen und 20 Minuten quellen lassen.
Den Lauch in Ringe, die Karotten in Würfel schneiden und zusammen mit dem Lorbeerblatt und den Gewürzen in wenig Salzwasser 5 bis 10 Minuten garen.
Die zweite Zwiebel in 2 Eßlöffeln Öl glasig dünsten, den nassen Spinat hinzufügen und etwa 5 Minuten dünsten. Mit Kräutersalz, Pfeffer und Muskat würzen.
Ein Drittel der Hirse in eine gefettete Form füllen, etwas Käse darüberstreuen, das Lauch-Möhren-Gemüse darauf verteilen. Mit dem zweiten Drittel der Hirse bedecken, mit Käse bestreuen, den Spinat daraufgeben und mit Hirse abdecken.
Joghurt, Eier und den restlichen Käse verrühren, mit Kräutersalz und Pfeffer abschmecken. Diese Mischung über den Auflauf verteilen. In den kalten Backofen schieben und etwa 25 Minuten bei 220° C backen.

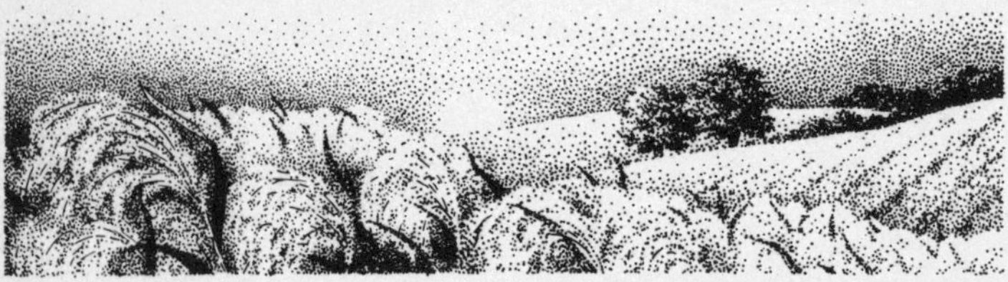

Tomatenform

300 g Hirseflocken / 1/2 l Gemüsebrühe / 1 Zwiebel / 3 EL Öl/ 200 g Pilze / Salz / Paprika / Majoran / 4 Tomaten / 20 g Butter / frische Kräuter

Die Hirseflocken in heißer Gemüsebrühe 10 Minuten einweichen. Währenddessen die Zwiebelwürfeln im Öl andünsten, die kleingeschnittenen Pilze und nach 5 Minuten auch die Flocken dazugeben. Mit den Gewürzen abschmecken.
Das Ganze in eine gefettete Auflaufform füllen, mit den in Scheiben geschnittenen Tomaten belegen und Butterflöckchen darauf verteilen.
Im vorgeheizten Backofen bei 200° C 30 Minuten überbacken.
Vor dem Servieren mit frischen Kräutern garnieren.

Hirse als Füllung

Gefüllte Tomaten

12 große Tomaten / 200 g Hirse / 1/2 l Wasser / Salz / 50 g kleingeschnittene Pilze / 3 EL Öl

Von den Tomaten kleine Deckel abschneiden und aushöhlen. Das Tomateninnere mit dem Wasser kurz aufkochen und durch ein Sieb passieren. In dieser Flüssigkeit die Hirse mit den Pilzen und etwas Salz etwa 15 Minuten kochen. Die Hirse etwas erkalten lassen, die ausgehöhlten Tomaten damit füllen und die Deckel wieder draufsetzen.
Die Tomaten in eine gut geölte Auflaufform geben und bei 200° C etwa 20 Minuten garen.

Tomaten mit Quark-Füllung

70 g Hirse / 1/3 l Wasser / 8 große Tomaten / 1 Zwiebel / 1 Knoblauchzehe / 3 EL Öl / 100 g Magerquark / Salz / Pfeffer / Paprika / Kräuter /

Die Hirse 15 Minuten im Wasser kochen, dann in einem Sieb abtropfen lassen. Inzwischen von den Tomaten einen Deckel abschneiden, mit einem Teelöffel aushöhlen. Die Zwiebel und den Knoblauch fein hacken, etwas anrösten und mit dem Tomateninnern vermischen. Diese Masse in eine gefettete Auflaufform geben.
Die gekochte Hirse mit dem Quark vermischen, mit Kräutern und Gewürzen abschmecken. Die Masse in die ausgehöhlten Tomaten füllen, die Deckel draufsetzen und in der Auflaufform verteilen.
Im vorgeheizten Backofen bei 180° C 20 Minuten garen lassen, eventuell zum Schluß mit Käse bestreuen.

Gefüllte Paprikaschoten

2 Zwiebeln / 200 g Hirse / 4 EL Öl / 1/2 l Wasser / Salz / 4 Paprikaschoten / 150 g geriebener Käse / Petersilie / Majoran / Kerbel / Salz / Pfeffer / 30 g Butter

Die Zwiebeln fein würfeln. Das Öl in einem Topf erhitzen und die trockene Hirse darin unter Rühren kurz andünsten. Die Zwiebeln hinzufügen und glasig werden lassen, nach etwa 5 Minuten mit Wasser aufgießen und etwas Salz dazugeben. Im geschlossenen Topf bei kleiner Hitze 20 Minuten garen, weitere zehn Minuten ausquellen lassen.
Die Paprikaschoten waschen, längs halbieren und das Kerngehäuse herausschneiden. Die Kräuter fein hacken, mit der Hirse und 100 Gramm Käse mischen und mit den Gewürzen abschmecken. Diese Masse in die Paprikahälften füllen und mit dem restlichen Käse bestreuen.
Die Paprikaschoten in eine ofenfeste Form mit etwas Öl setzen, mit Butterflöckchen belegen und in den kalten Backofen schieben. Bei 200° C etwa 20 Minuten backen.

Gefüllte Kartoffeln

4 große Kartoffeln / 150 g Hirse / 1/4 l Wasser / Salz / gehackte Petersilie / 2 EL geriebener Käse / 1 Schalotte / Knoblauch / 100 g Champignons / Sojasoße / Salz / Öl

Die Kartoffeln gründlich bürsten. Ungeschält mit wenig Wasser 15 Minuten kochen (nicht ganz gar), kurz abschrecken. Die Hirse in Salzwasser ankochen und ausquellen lassen.
Schalotte und Champignons kleinschneiden, in Öl andünsten und mit den Gewürzen, den Kräutern und dem Käse unter die Hirse heben.
Von den Kartoffeln einen Deckel abschneiden und vorsichtig aushöhlen. Die Kartoffeln mit der Hirsemasse füllen, Deckel aufsetzen und in einem gut gefetteten Bräter bei 200° C noch 30 Minuten im Backofen garen.

Kohlrouladen

*1 Kopf Weißkohl / Wasser / Salz / 2 EL Öl /
Für die Füllung: 250 g Hirse / 1/2 L Wasser / Salz /
2 EL Olivenöl / 2 Eier / 4 EL Hefeflocken / 2 Knoblauchzehen /
feingehackte Kräuter / Kräutersalz / Muskat / Pfeffer*

Die Hirse in Salzwasser ankochen und 20 Minuten quellen lassen. Inzwischen den Kohl putzen und in reichlich kochendem Wasser 15 Minuten garen, bis er halb weich ist. Das Kochwasser aufbewahren. Dann mit einem Messer die Blätter einzeln ablösen.
Die gegarte Hirse mit dem Öl, den verquirlten Eiern und den Hefeflocken vermengen. Den Knoblauch schälen, pressen und daruntermischen, mit den Gewürzen und den Kräutern abschmecken.
Jeweils 2 Kohlblätter aufeinanderlegen und einen Eßlöffel von der Hirsemasse daraufgeben. Die Blätter aufrollen und mit Baumwollgarn zubinden.
In einer Pfanne das Öl erhitzen, die Kohlrouladen hineingeben und etwas anbraten. Nach etwa 3 Minuten etwas Kohlwasser darübergießen und bei mittlerer Hitze zugedeckt etwa 30 Minuten schmoren lassen, nach 15 Minuten die Rouladen wenden. Wenn zuviel Flüssigkeit verdampft, Kohlwasser nachgießen.

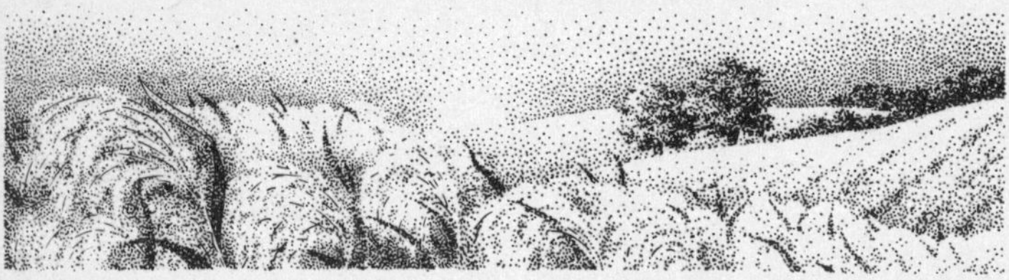

Wirsing-Rouladen

1 Wirsing / 20 g Butter / 1 Zwiebel / 100 g Hirse /
1/4 l Wasser / Salz / Pfeffer /
100 g Tofu / 1 Eigelb / Curry / 20 g Butter /

Den Wirsing waschen und in einzelne Blätter zerlegen. 8 schöne große Blätter aussuchen und einige Minuten blanchieren.
Die Zwiebel würfeln, in der heißen Butter andünsten und die Hirse dazugeben. Mit Wasser aufgießen, mit Salz und Pfeffer würzen, aufkochen lassen und bei geringer Hitze 25 Minuten quellen lassen. Die Hirse etwas abkühlen lassen, mit zerkrümeltem Tofu, dem Eigelb und Curry mischen.
Je 2 Wirsingblätter aufeinanderlegen und die Hirsemasse darauf verteilen. Die Blätter zu Rouladen aufrollen und mit Garn zubinden. Die Rollen nebeneinander in eine gefettete Auflaufform geben, Butterflöckchen daraufsetzen und mit etwas Blanchier-Wasser aufgießen.
Im vorgeheizten Ofen bei 200° C etwa 20 Minuten garen.

Pfannengerichte

Bratlinge

150 g Hirse / 1/3 l Wasser / Meersalz / 1 Schalotte / Öl / 1 Knoblauchzehe / 4 EL Weizenmehl / 2 Eier / Pfeffer / Muskat / Öl zum Braten
Soße: 1/2 l Milch / 3 EL Mehl / Tamari

Die Hirse in Salzwasser zum Kochen bringen, 20 Minuten ausquellen lassen. Währenddessen die Schalotte hacken und im Öl andünsten. Die Hirse dazugeben, die Knoblauchzehe hineindrücken, mit Mehl, Eiern und Gewürzen vermischen. Bei Bedarf etwas Flüssigkeit zugeben. Das Ganze soll eine feste Konsistenz haben.
Aus dieser Masse flache Stücke formen, von beiden Seiten goldbraun braten.
Für die Soße die Milch mit dem Mehl unter ständigem Rühren zum Kochen bringen, mit Tamari abschmecken.
Dazu Salat servieren.

Gefüllte Pfannkuchen

Teig: *150 g Hirsemehl / 2 Eier / 1/4 l Milch / Salz*
Soße: 2 Fleischtomaten / 1 EL Öl / Salz / Schnittlauch
Füllung: 1 kg Wirsing / 2 Zwiebeln / 50 g Leinsamen /
30 g Butter / 2 EL Crème fraîche / 1/2 TL Kreuzkümmel /
50 geriebener Käse

Das Hirsemehl mit den Eiern, der Milch und etwas Salz verrühren, 30 Minuten quellen lassen.
Eine Tomate enthäuten und pürieren, mit Öl verrühren und würzen. Die zweite Tomate würfeln und mit dem gehackten Schnittlauch dazugeben.
Den Wirsing putzen und kleinschneiden, die Zwiebel würfeln. Beides mit dem Leinsamen in der Butter 5 Minuten dünsten, danach die Crème fraîche dazugeben und abschmecken.
Aus dem Hirseteig in heißem Öl 6 dünne Pfannkuchen backen, mit dem Kohl füllen und zusammenrollen.
Die Rollen in eine Auflaufform legen, mit dem Käse bestreuen und bei 250° C 15 Minuten überbacken.
Mit der Tomatensoße servieren.

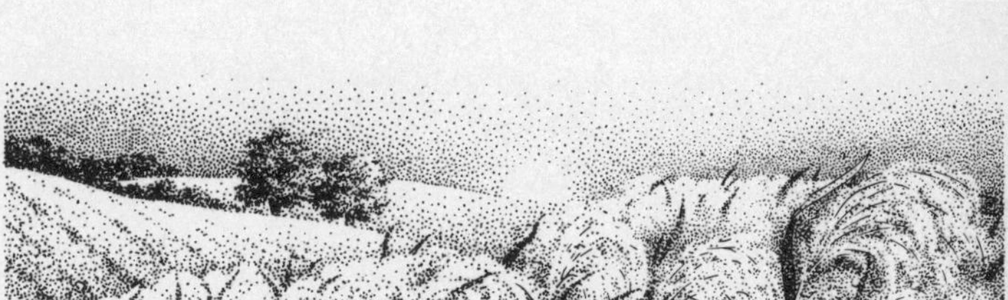

Getreideschnitzel

je 70 g Hirse, Buchweizen und Reis / 1 l Wasser / 1 Karotte / 2 Schalotten / 3 Eier / 2 EL Sojasoße / 2 EL gehackte Kräuter / 70 g feine Haferflocken / Salz / Paprika / Pfeffer / 3 EL Öl

Die Getreide in je einem drittel Liter Wasser getrennt kochen und ausquellen lassen.
Die Karotte raspeln, die Schalotten fein hacken. Beides zusammen mit den Eiern, dem Getreide und den Kräutern zu einer steifen Masse verarbeiten. Ist die Konsistenz zu locker, Haferflocken zugeben. Den Teig würzen, mit der Sojasoße abschmecken.
In Öl goldgelb braten.

Käse-Schnitten

200 g Hirse / 1/2l Wasser / 1 Ei / Kräutersalz / 1 EL Butter / 1 Zwiebel / Majoran / Paprika / 1 TL Sojasoße / 100 g Hartkäse

Hirse mit Wasser und Majoran aufsetzen und zum Kochen bringen, 20 Minuten köcheln lassen und bei ausgeschalteter Kochplatte ausquellen lassen.
Die Zwiebel fein würfeln, Butter in einer Pfanne erhitzen, die Zwiebel hinein geben und glasig werden lassen.
Die gekochte Hirse mit dem Ei und den gedünsteten Zwiebeln vermengen. Mit Kräutersalz, Sojasoße und Paprika abschmecken.
Ein Backblech einfetten und die Hirsemasse darauf streichen. Hartkäse raspeln und darüber streuen. Bei 200° C 30 Minuten im Backofen backen.
Etwas abkühlen lassen und in Rauten oder Rechtecke schneiden. Mit gedünstetem Gemüse servieren.

Tofu-Bratlinge

200 g Hirse / 1/2 l Wasser / Salz /
200 g Tofu / 1 Karotte / 1 Zwiebel / 1 EL Sojasoße /
Muskat / Paprika / Öl

Die Hirse mit Wasser und etwas Salz zum Kochen bringen, bei geringer Hitze 25 Minutern ausquellen lassen.
Die Karotte raspeln, die Zwiebel fein würfeln, beides in einer Schüssel mit der Hirse vermischen.
Den Tofu mit einer Gabel zerkrümeln und zusammen mit den Gewürzen unter die Hirsemasse mengen.
Die Masse gut durchkneten und mit den Händen kleine Bällchen formen. In einer Pfanne mit etwas Öl goldgelb braten.
Mit Kräutern bestreuen und mit frischem Salat servieren.

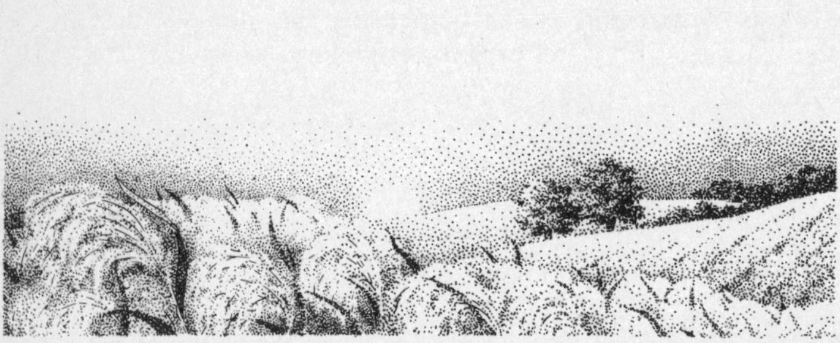

Kartoffelpuffer

*800 g Kartoffeln / 80 g Hirseflocken/ 20 g Sojamehl /
2 Eier / 1 mittelgroße Zwiebel / Salz / Muskat / Öl*

Die Kartoffeln schälen, reiben und in einem Sieb abtropfen lassen. Hirseflocken, Sojamehl, Eier und die fein gewürfelte Zwiebel zu den Kartoffeln mischen und würzen.
In einer Pfanne in heißem Öl die Pfannkuchen von beiden Seiten goldgelb backen.

Weißkohl-Bratlinge

*200 g Hirse / 1/2 l Wasser / 1/2 TL Salz /
1/4 Weißkohl / 1 EL Tahin / 1-2 EL Sojasoße /
1/2 TL Kräutersalz / 1/4 TL Muskat / Öl*

Die Hirse mit Wasser und Salz aufkochen und 25 Minuten ausquellen lassen. Den Weißkohl fein raspeln und mit der Hirse und den anderen Zutaten gut durchmischen.
Aus dieser Masse mit etwas bemehlten Händen kleine flache Fladen formen, in Öl hellbraun ausbacken.

Rösti

*1 Tasse Hirse / 2 Tassen Wasser / 1 TL Salz /
1 TL Oregano / 3 EL Öl / 150 g geriebener Käse*

Hirse mit Wasser und Salz aufkochen, Oregano dazugeben und 25 Minuten quellen lassen. Öl in die Pfanne geben, die Hirse abwechselnd mit dem geriebenen Käse ins heiße Öl geben. Noch 5 Minuten bei geschlossener Pfanne ziehen lassen.

Getreide-Pfanne

*100 g Schalotten / 250 g Lauch / 200 g Karotten /
200 g grüne Paprika / 100 g Champignos / 2 EL Öl
3/4 l Gemüsebrühe / je 50 g Hirse, Nackthafer und Reis /
Salz / Pfeffer / 2 EL Sojasoße / 100 g geriebener Käse*

Die Zwiebel fein würfeln und im Öl andünsten. Das kleingeschnittene Gemüse dazugeben. 10 Minuten dünsten, mit der Brühe aufgießen. Die Getreide dazugeben und 30 Minuten ausquellen lassen. Mit den Gewürzen und der Sojasoße abschmekken. Vor dem Servieren mit Käse bestreuen.

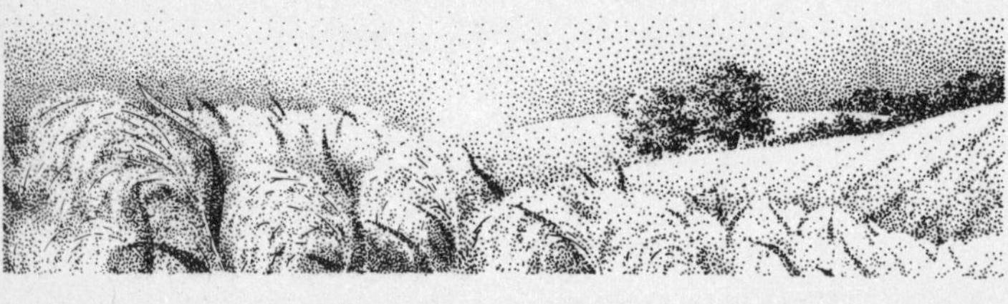

Keimlingpfanne

250 g Hirse / 1/2 l Gemüsebrühe / 2 Nelken / Curry / 3 bis 4 Tassen Sojakeime (oder andere Keime) / 1 EL Butter / 2 Zwiebeln / 2 Knoblauchzehen / Pfeffer, Salz, Curry / Kräuter

Die Hirse mit Nelken und Curry in der Gemüsebrühe aufkochen und 20 Minuten quellen lassen.
Die Zwiebeln in Ringe schneiden, in der Butter andünsten, nach 5 Minuten die Keime dazugeben, nach weiteren 5 Minuten die Hirse. Die Knoblauchzehen hineindrücken und alles noch einmal etwa 5 Minuten ziehen lassen, bei Bedarf noch etwas Brühe zugeben.
Vor dem Servieren mit Kräutern bestreuen.

Tofupfanne

250 g Karotten / 1 kleine Salatgurke / 1 Zwiebel / 4 EL Öl / 300 g Hirse / 1/2 l Wasser / 2 EL Zitronensaft / 200 g Tofu / Salz / Pfeffer / Paprika

Die Karotten in dünne Scheiben schneiden. Die Salatgurke schälen und in Würfel schneiden, die Zwiebel ebenfalls würfeln. Die Zwiebelwürfel in heißem Öl in einer großen Pfanne andünsten, die Karotten und die Gurkenwürfel hinzugeben.
Die Hirse unter fließend heißem Wasser abspülen, in die Pfanne geben und mit Wasser aufgießen.
Zugedeckt 20 Minuten bei kleiner Hitze garen. Mit Zitronensaft und den Gewürzen abschmecken.
Zum Schluß den Tofu würfeln und darunterheben.

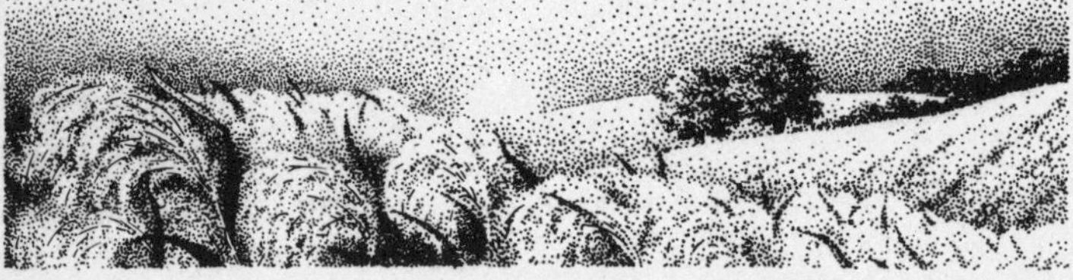

Topfengratin

250 g Hirse / 1/2 l Wasser / Salz / 300 g Quark / 3 EL Hirseflocken / 2 Eier / 2 EL Öl / Pfeffer / Paprika / Muskat / Butter / 100 g geriebener Käse / frische Kräuter (Schnittlauch, Petersilie)

Die Hirse mit dem Wasser und etwas Salz zum Kochen bringen, etwa 30 Minuten ausquellen, dann abkühlen lassen. Quark, Flocken, Eier und Öl untermischen und mit den Gewürzen abschmecken.

Die Masse in eine gefettete, flache Auflaufform füllen, mit Butterflocken, geriebenem Käse und frischen Kräutern bestreuen.

Im Backofen bei 170° C 40 Minuten überbacken.

Mit gedünstetem Gemüse servieren.

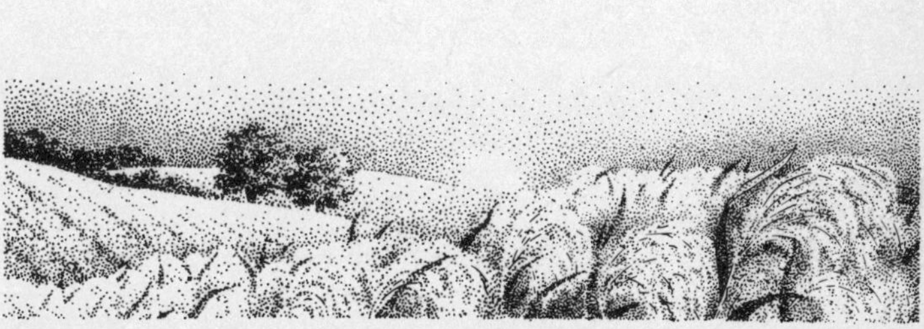

Camembert-Gratin

*125 g Hirse / 1/4 l Wasser / Salz /
3 Eier / 100 g Schlagsahne / 2 EL Sojasoße /
20 g Butter / 100 g Camembert*

Die Hirse mit dem Wasser und etwas Salz zum Kochen bringen und 20 Minuten ausquellen lassen.
Etwas abkühlen lassen und mit den Eiern, der Schlagsahne und der Sojasoße verrühren.
Die Masse in eine flache, gefettete Form füllen, mit Butterflöckchen belegen und in den Backofen schieben.
Bei 220° C etwa 20 Minuten backen.
Den Camembert in Streifen schneiden, die Hirse damit belegen und noch 5 Minuten im Backofen überbacken. Heiß mit einem frischen Salat servieren.

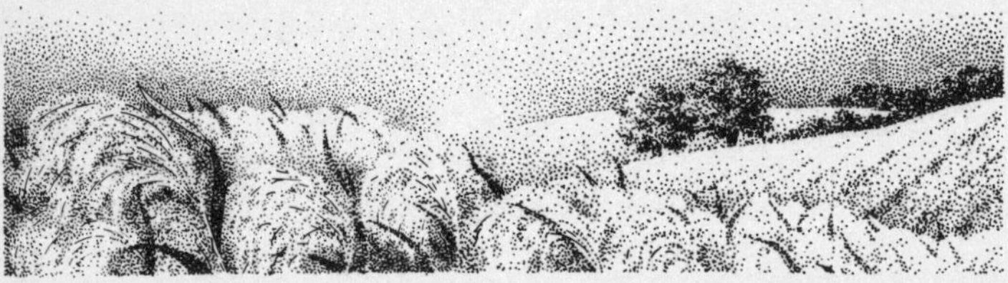

Auberginen mit Kruste

100 g Hirse / 1/4 l Gemüsebrühe / 1 Zwiebel / 1 Knoblauchzehe / Thymian / 75 g Bergkäse / 50 g Sonnenblumenkerne / 1 Ei / 5 EL süße Sahne / Salz / Cayennepfeffer / 400 g Auberginen / 400 g Zucchini / 3 EL Zitronensaft / 2 El Olivenöl / 1 EL Butter

Die Hirse mit der Gemüsebrühe zum Kochen bringen und 30 Minuten quellen lassen. Die Zwiebel und die Knoblauchzehe schälen und fein hacken. Zusammen mit dem Thymian, dem geriebenen Bergkäse und den Sonnenblumenkernen zur Hirse geben. Das Ei mit der Sahne verquirlen, mit Salz und einer Prise Cayennepfeffer abschmecken und ebenfalls unter die Hirse rühren.
Die Auberginen und die Zucchini waschen, putzen und in Scheiben schneiden. Die Scheiben auf ein gefettetes Backblech legen, mit Zitronensaft und Olivenöl beträufeln und mit der Hirsemasse bestreichen. Mit Butterflöckchen belegen. Das Gemüse im vorgeheizten Backofen bei 180° C etwa 40 Minuten überbacken.

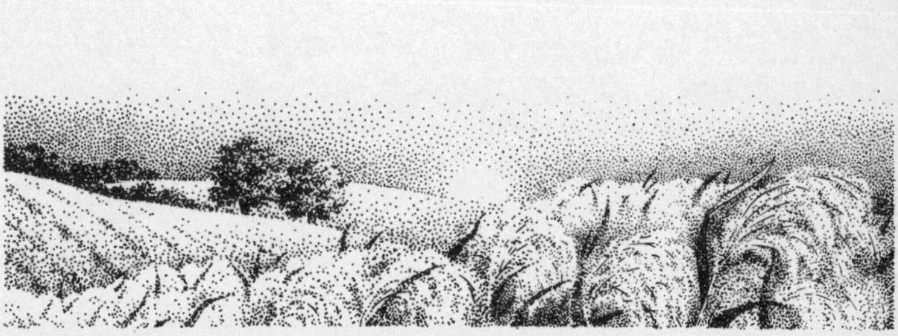

Kalte Hauptgerichte

Lauch-Salat

250 g Hirse / 3/4 l Wasser / Salz / 200 g Lauch / 100 g Käse / 50 g Rosinen / 125 g Joghurt / Kräuter

Die Hirse in Wasser mit etwas Salz kochen, 15 Minuten quellen lassen. Den Lauch in dünne Ringe schneiden und in etwas Wasser kurz dünsten. Hirse und Lauch abkühlen lassen, den Käse in Würfel schneiden und alles mit den restlichen Zutaten gut durchmischen.

Wildkräutersalat

250 g Hirse / 3/4 l Gemüsebrühe / 2 Äpfel / 200 g Eisbergsalat / 50 g junge Löwenzahnblätter / 50 g junge Brennesselblätter / Kräuter / Obstessig

Die Hirse in der Brühe kochen und ausquellen lassen. Wildkräuter und Salat kleinschneiden, die Äpfel raspeln und mit der Hirse mischen. Mit Essig und Kräutern abschmecken.

Linsensalat

100 g Linsen / 100 g Hirse / 1/2 l Wasser / 150 g Staudensellerie / 200 g Sojakeime / 1 Paprika / 150 g gehackte Walnüsse / 1 Zwiebel / 6 EL Olivenöl / Saft einer Zitrone / 3 EL Obstessig / 4 EL Sojasoße / 1 TL Senf / Pfeffer / Salz / Kräuter

Die vorgeweichten Linsen in 1/4 l Wasser 45 Minuten garkochen, die Hirse im restlichen Wasser aufkochen und 25 Minuten ausquellen lassen.
Sellerie, Paprika und Zwiebel kleinschneiden und mit den Keimen, den Nüssen, der Hirse und den Linsen vermischen.
Aus Öl, Essig, Sojasoße, Senf, Zitronensaft und Gewürzen eine Salatsoße mischen, die Kräuter dazugeben und über den Salat gießen.

Sommersalat

100 g Hirse / 1/4 l Wasser / Salz / 5 reife Tomaten / 2 grüne Paprika / 1/4 l Joghurt / 2 EL Obstessig / 2 EL Olivenöl / 1 Knoblauchzehe, gepreßt / Kräutersalz / Pfeffer / Basilikum

Die Hirse in Salzwasser aufkochen und 20 Minuten ausquellen lassen, kalt verwenden.
Die Tomaten in Scheiben, die Paprika in Würfel schneiden. Mit der kalten Hirse vermischen. Aus Joghurt, Obstessig, Olivenöl, Knoblauch und Gewürzen eine Salatsoße bereiten und unter die Tomaten-Paprika-Hirse heben. Den Salat im Kühlschrank mindestens eine Stunde durchziehen lassen.

Griechischer Salat

75 g Hirse / 200 ml Gemüsebrühe / 1/2 Salatgurke / 2 Tomaten / 5 Oliven / 50 g Schafskäse / 3 EL Olivenöl / Saft einer halben Zitrone / 1 Knoblauchzehe / Kräutersalz / Pfeffer / Oregano

Die Hirse in der Gemüsebrühe aufkochen, ausquellen und abkühlen lassen. Salatgurke und Tomaten in dünne Scheiben schneiden, Oliven entkernen und feinhacken. Das Ganze mit der Hirse vermengen.

Den Schafskäse mit einer Gabel zerkrümeln, auf dem Salat verteilen. Olivenöl und Zitronensaft mit Salz, Pfeffer, Oregano und der zerdrückten Knoblauchzehe zu einer Soße rühren. Über den Salat gießen und durchziehen lassen.

Karotten-Apfelhirse

75 g Hirse / 200 ml Wasser / Salz / 4 Karotten / 2 säuerliche Äpfel / 2 EL Sonnenblumenkerne / 1 EL Sonnenblumenöl / Saft einer halben Zitrone /

Die Hirse in Salzwasser aufkochen, 20 Minuten ausquellen und abkühlen lassen. Die Karotten und die Äpfel raspeln und unter die Hirse heben. Öl und Zitronensaft darübergießen, durchziehen lassen und mit Sonnenblumenkernen bestreut servieren.

Sprossen-Salat

50 g Hirse / 1/8 l Gemüsebrühe / 100 g Mungbohnensprossen / 1 kleine Zwiebel / 3 EL Sonnenblumenöl / 1 TL Sojasoße / 1 TL Essig / 1 Prise Ingwer / 1/2 Bund Petersilie

Hirse in der Gemüsebrühe zum Kochen bringen und ausquellen lassen. Mit den Bohnensprossen vermengen. Die Zwiebel sehr fein würfeln und unterheben. Aus den restlichen Zutaten eine Marinade bereiten, über den Salat gießen, mischen.

Erbsen-Hirse

100 g Hirse / 1/4 l Gemüsebrühe / 150 g junge Erbsen / 50 g Champignons / 1 Schalotte / 100 g Joghurt / 1 EL Sahne / 1 TL Zitronensaft / Kräutersalz / Paprika / 1 hartgekochtes Ei

Die Hirse in der Gemüsebrühe zum Kochen bringen, 20 Minuten ausquellen lassen. Champignons und Schalotte putzen und kleinschneiden. Mit der Hirse und den Erbsen vermischen. Joghurt, Sahne, Zitronensaft und Gewürze verrühren. Das Ei fein hacken, über dem Salat verteilen, die Soße darübergießen.

Krautsalat mit Nüssen

75 g Hirse / 200 ml Wasser / Salz / 1/4 Rotkohl / 50 g Haselnüsse/ 100 g saure Sahne / 1 EL Öl / Salz / Curry

Die Hirse im Salzwasser aufkochen, ausquellen lassen und abgekühlt verwenden. Den Rotkohl putzen und fein raspeln, die Haselnüsse hacken. Rotkohl und Hirse miteinander vermengen, Haselnüsse unterrühren. Aus der Sahne, dem Öl und den Gewürzen eine Salatsoße bereiten und über den Salat gießen.

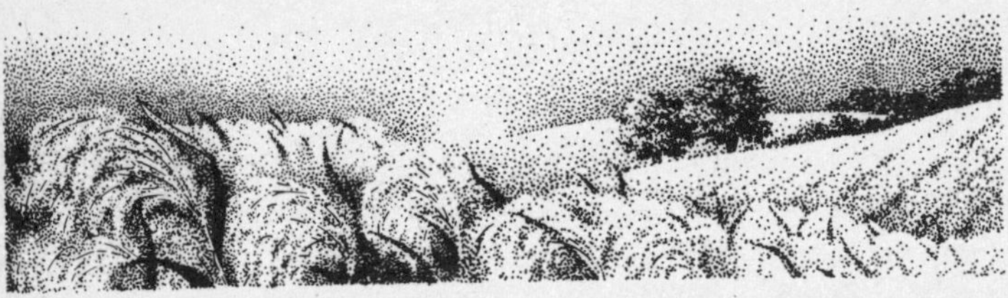

Brokkoli-Salat

75 g Hirse / 200 ml Gemüsebrühe / 500 g Brokkoli / 150 g Joghurt / 2 EL süße Sahne /1 EL Honig / Kräutersalz / Pfeffer / 50 g Walnußkerne

Die Hirse in der Gemüsebrühe auskochen, ausquellen und abkühlen lassen. Den Brokkoli in kleine Stückchen schneiden, kurz blanchieren und abtropfen lassen. Brokkoli mit der Hirse vermischen. Joghurt, Sahne, Honig und Gewürze verrühren, über den Salat gießen und durchziehen lassen. Mit Walnüssen garnieren.

Rote Bete-Salat

100 g Hirse / 1/4 l Wasser / Salz / 300 g Rote Bete / 2 Äpfel / 200 g Kefir / 2 EL Öl / Ingwer / Anis / Salz / Meerrettich /

Die Hirse im Salzwasser zum Kochen bringen, ausquellen und abkühlen lassen. Die Rote Bete grob reiben, die Äpfel in kleine Stücke schneiden und beides mit der Hirse vermengen. Kefir, Öl und Gewürze zu einer Soße verarbeiten und unterrühren.

Süßes aus Hirse

Hirsebrei

2 Tassen Hirse / 2 Tassen Wasser / 3 Tassen Milch / Butter / 50 g Rosinen / 50 g Haselnüsse / 1 EL Honig / Saft und Schale einer halben Zitrone / Cardammom / Zimt / Vanille oder Ingwer

Die Hirse mit Wasser und Milch aufkochen und 20 Minuten quellen lassen.
Eine Auflaufform mit etwas Butter einfetten.
Die Hirse mit den übrigen Zutaten mischen und in die Form geben. Im vorgeheizten Backofen bei 180° C auf der mittleren Schiene in 25 Minuten goldgelb überbacken. Kann warm oder kalt gegessen werden. Mit eingemachtem Obst servieren.

Schlaraffenbrei

100 g Hirse / 50 g Trockenfrüchte (Aprikosen, Pflaumen, Feigen, Äpfel) / 3/8 l Wasser / 50 g abgezogene Mandeln / 2 MSP Vanillepulver / 1/8 l Milch / 2 EL Sirup oder Honig / 100 g süße Sahne

Die Hirse über Nacht in 1/8 Liter Wasser an einem kühlen Platz zugedeckt einweichen lassen. Die Trockenfrüchte waschen, Dörrpflaumen gegebenenfalls entsteinen, und in einem anderen Gefäß mit 1/4 Liter Wasser quellen lassen. Am Morgen das Einweichwasser der Trockenfrüchte zur Hirse gießen. Die Trockenfrüchte feinschneiden und zufügen. Die Mandeln grob reiben und mit der Vanille ebenfalls zur Hirse geben. 15 Minuten bei schwacher Hitze zugedeckt kochen lassen. Die Milch dazugießen und umrühren. Den Hirsebrei 15 Minuten zugedeckt ausquellen lassen. Mit Sirup oder Honig nach Geschmack süßen. Die Sahne steif schlagen und unter den Hirsebrei ziehen. Sofort servieren, damit der Brei schön locker bleibt.

Süße Klöße

200 g Hirse / 1/2 l Wasser / Salz /
200 g Quark / 100 g Haferflocken / 2 EL Honig

Die Hirse mit Wasser und etwas Salz kochen und ausquellen lassen. Die gegarte Hirse mit Quark, Honig und Haferflocken mischen, bis ein fester Teig entsteht, aus dem sich Klöße formen lassen. Ist der Teig zu weich, mit Haferflocken binden, ist er zu trocken ist, noch etwas Quark zufügen. Die Klöße in kochendem Wasser ziehen lassen, bis sie an die Oberfläche steigen.

Quarkbällchen

250 g Hirse / 1/2 l Wasser / Salz / 50 g Weizenmehl /
100 g Quark/ 2 EL Honig / Öl zum Braten

Die Hirse in Wasser mit etwas Salz aufkochen und 20 Minuten ausquellen lassen. Den Hirsebrei mit dem Quark, dem Mehl und dem Honig vermischen, so daß ein fester Teig entsteht. Aus dem Teig kleine Bällchen formen und in Öl von beiden Seiten braun backen.

Gefüllte Melone

2 Honigmelonen / 100 g Hirse / 1/4 l Milch / 2 EL Honig

Die Hirse in der Milch aufkochen und 20 Minuten quellen lassen. Mit Honig abschmecken.
Die Melonen halbieren, entkernen und das Fruchtfleisch herauslösen. Fruchtfleisch pürieren und mit dem Hirsebrei mischen. Die Hirsemasse in die Melonenhälften füllen und mit Sahne oder einer Obstsoße servieren.

Apfel-Hirse

200 g Hirse / 500 g Äpfel / 1 l Milch / 40 g Honig / Salz / abgeriebene Schale einer Zitrone / 20 g Butter / Zimt

Die Hirse in der Milch mit Honig, Zitronenschale und etwas Salz 10 Minuten kochen lassen. Die Äpfel in Stücke schneiden und zu der kochenden Hirse geben. Weitere 15 Minuten kochen lassen, bis die Hirse ganz ausgequollen ist. Den Brei mit geschmolzener Butter begießen und mit Zimt bestreuen.

Apfelpudding

250 g Hirse / 3/4 l Apfelsaft /
Saft einer halben Zitrone / 2 EL Butter /
1/4 l saure Sahne / 2 Eier / 3 EL Honig

Die Hirse mit Apfelsaft, Zitronensaft und Honig aufkochen und 20 Minuten quellen lassen. Etwas abkühlen lassen. Die Eier trennen, das Eigelb, die Butter und die Sahne zum Hirsebrei rühren, das Eiweiß zu steifem Schnee schlagen und unterheben. Die Masse in eine gefettete Puddingform geben und gut verschlossen 50 Minuten im heißen Wasserbad garen.

Zimtflammeri

250 g Hirse / 1/2 l Milch / 3 EL Honig / 1/2 TL Zimt /
4 Eier / 1 abgeriebene Zitronenschale

Die Hirse mit der Milch, dem Honig, der Zitronenschale und dem Zimt aufkochen und 20 Minuten quellen lassen. Die Eier trennen, das Eiweiß zu Schnee schlagen. Die Eigelb in den Brei einrühren, den Eischnee vorsichtig unterheben. In eine mit kaltem Wasser ausgespülte Form füllen und erkalten lassen.

Vanillepudding

100 g Hirse / 70 g Butter / 1/8 l Sahne / 1/2 Vanilleschote / 4 Eier / 50 g Honig

Die Hirse fein vermahlen. Die Vanilleschote aufschlitzen und mit einem Messer das Mark herauskratzen. Das Vanillemark mit der Sahne aufkochen.
Die Butter schmelzen, das Hirsemehl dazugeben und die Vanillesahne dazurühren.
Die Eier trennen und ein Eiweiß zu der Hirsemasse rühren, abkühlen lassen. Die vier Eigelb mit dem Honig verquirlen, unter die abgekühlte Hirsemasse rühren. Die übrigen 3 Eiweiß zu steifem Schnee schlagen und unterziehen.
Die Masse in eine gefettete Puddingform füllen und im Wasserbad 20 Minuten garen.
Mit frischem Obst servieren.

Mandelpudding

100 g Hirseflocken / 3/8 l Sahne / 50 g Butter / 6 Eier / 75 g Honig / 1 MSP Vanille / 4 EL gehackte Mandeln / Butter für die Form

Die Eier trennen, die Eiweiß zu steifem Schnee schlagen und beiseite stellen. Die Eigelb mit Sahne, Butter, Honig, Vanille und der Hälfte der gehackten Mandeln verrühren. Die Hirseflocken unterrühren. Langsam im Wasserbad erhitzen, bis eine dicke Masse entsteht. Die Creme abkühlen lassen, dabei gelegentlich umrühren. Den Eischnee vorsichtig unterheben. Eine gefettete Puddingform mit den restlichen Mandeln ausstreuen, Hirsemasse hineinfüllen und im heißen Wasserbad 60 Minuten ziehen lassen.

Ingwer-Auflauf

250 g Hirse / 1 l Wasser / 1/2 TL Salz / 1/2 TL Ingwer / Saft einer Zitrone / 1 abgeriebene Zitronenschale/ 2 EL Sahne / 2 EL Öl / 2 EL Honig / 2 EL Weizenmehl / 2 EL gerösteter Sesam

Die Hirse mit Wasser und Salz zum Kochen bringen und 20 Minuten bei kleiner Hitze ausquellen lassen. Die restlichen Zutaten, bis auf den Sesam, unter den Brei rühren und etwas durchziehen lassen.
Die Masse in eine Auflaufform füllen, mit der gerösteten Sesamsaat bestreuen. Im vorgeheizten Backofen bei 180° C 30 Minuten überbacken.
Mit frischem Obst oder Kompott servieren.

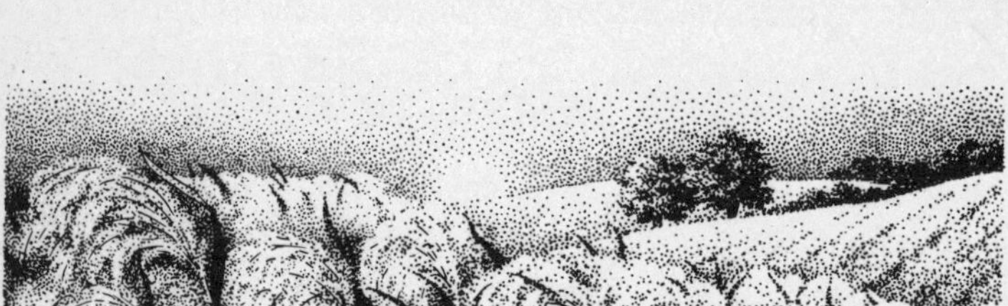

Rosinen-Auflauf

150 g Hirse / 1/4 l Wasser / 1/4 l Milch / 2 EL Honig / 1 TL Zimt / 100 g Rosinen / 200 g Quark / Zitronensaft / 1 Ei / Paniermehl für die Form

Die Hirse mit Wasser aufkochen, nach 10 Minuten die Milch dazugießen, 20 Minuten bei kleiner Hitze ausquellen lassen. In der Zwischenzeit den Quark mit den übrigen Zutaten gut verrühren. Hirse und Quarkmasse mischen, in eine gefettete, mit Paniermehl bestreute Form geben.
Im vorgeheizten Ofen bei 200° C 60 Minuten backen.

Birnen-Auflauf

200 g Hirse / 400 ml Milch / 2 EL Honig / 3 Birnen / 1/2 TL Zimt / 1/2 TL Ingwer / 2 EL Butter / 4 EL Nüsse

Die Hirse mit der Milch und dem Honig bei kleiner Hitze 10 Minuten köcheln lassen. Die Birnen kleinschneiden und 10 Minuten mitgaren. Die Birnenhirse würzen und in eine gefettete Auflaufform füllen. Mit Butterflocken und den gehackten Nüssen bestreuen. Im Backofen bei 200° C 25 Minuten überbacken.

Apfelsoufflé

250 g Hirse / 3/4 l Milch / 1 Prise Salz / 500 g Äpfel / 2 EL Honig / 2 Eier / abgeriebene Zitronenschale / 3 EL Rosinen / 1 EL gehackte Nüsse / 3 EL Butter

Die gewaschene Hirse mit der Milch, der Hälfte des Honigs und dem Salz aufkochen, 20 Minuten ausquellen lassen.
Die Äpfel entkernen, in dünne Scheiben schneiden und mit den Rosinen und den Nüssen vermischen.
Die Eier trennen, das Eigelb mit der abgeriebenen Zitronenschale und der anderen Hälfte des Honigs schaumig rühren. Diese Masse unter den abgekühlten Hirsebrei heben, das Eiweiß steifschlagen und unterziehen.
Die Hälfte der Hirsemasse in eine gefettete Auflaufform füllen, die Apfel-Rosinen-Mischung darauf verteilen, mit der restlichen Hirse bedecken. Mit Butterflöckchen belegen und bei 200° C 60 Minuten überbacken.

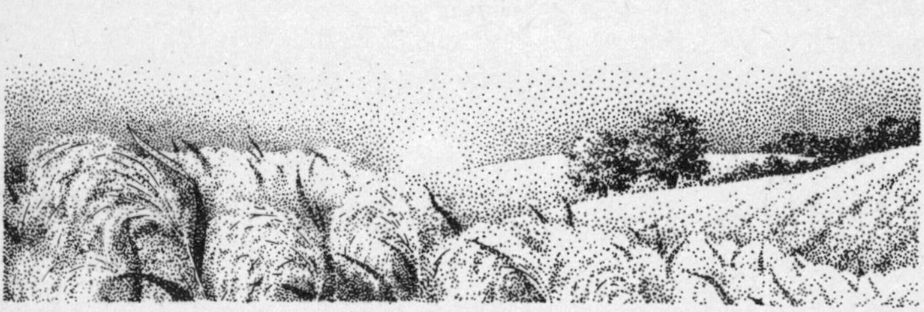

Kirschauflauf

*200 g Hirse / 3/4 l Milch / Salz / 2 Eier /
50 g Butter / 2 EL Honig / 50 g gehackte Nüsse /
500 g Kirschen*

Die Milch zum Kochen bringen und die Hirse einrühren, etwas Salz dazugeben und in 20 Minuten ausquellen lassen.
Die Eier trennen, das Eigelb mit der Butter und dem Honig schaumig rühren. Das Eiweiß zu steifem Schnee schlagen. Zuerst die Eigelbmasse, dann den Eischnee vorsichtig unter den Hirsebrei ziehen.
In eine gefettete Auflaufform abwechselnd jeweils eine Lage Hirsebrei und eine Lage der entkernten, abgetropften Kirschen schichten. Mit Hirsebrei abschließen.
Mit den gehackten Nüssen bestreuen und im Backofen bei 180° C 50 Minuten überbacken.

Quarksoufflé

3 Eier / 400 g Quark / 1/8 l Sahne / 3 EL Honig /
50 g Hirseflocken / Saft und Schale einer 1/2 Zitrone /
500 g Obst (Kirschen oder Beeren) /
50 g gehackte Nüsse / 20 g Butter

Die Eier trennen. Aus dem Quark, der Sahne, dem Honig und den Eigelb eine cremige Masse schlagen. Die Hirseflocken, den Zitronensaft und die abgeriebene Zitronenschale dazurühren. Die Eiweiß steif schlagen und den Eischnee unter die Masse ziehen, das Obst unterheben.
Den Teig in eine gefettete Auflaufform füllen, mit Butterflocken belegen und die gehackten Nüsse darüberstreuen.
Im vorgeheizten Backofen bei etwa 200° C 60 Minuten backen.

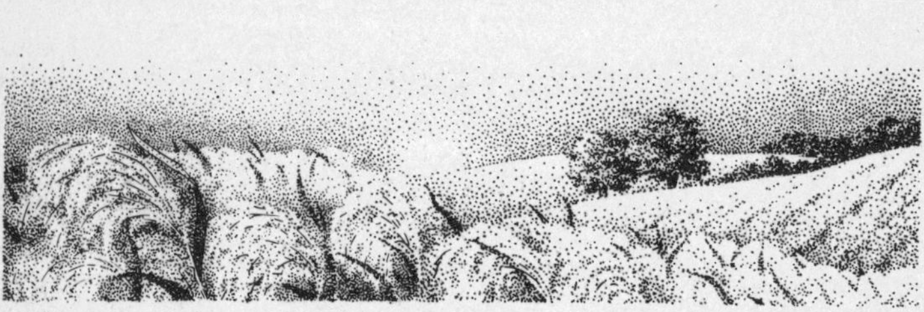

Hirsepuffer

250 g Hirse / 1/2 l Milch / 4 EL Orangensaft/ 1 EL Rosinen / 1 Ei / Weizenmehl / Öl zum Braten

Die Hirse in der Milch kochen, nach 10 Minuten Orangensaft und Rosinen beimischen. Das Ganze solange weiterköcheln lassen, bis eine dicke Masse entsteht.
Wenn die Masse abgekühlt ist, flache Scheiben formen, Weizenmehl und Ei verquirlen und die Bratlinge darin wälzen. In heißem Öl goldbraun braten.

Gebackene Banane mit Mandeln

200 g Hirse / 1/2 l Wasser / 3 EL Honig / 3 Bananen / 3 EL gehackte Mandeln / Öl

Die Hirse mit Wasser und 1 EL Honig aufkochen und ausquellen lassen. Die Bananen in Scheiben schneiden, in wenig Öl etwas bräunen und zum Hirsebrei geben. Die Mandeln mit dem übrigen Honig rösten, unter den Hirsebrei heben und sofort servieren.

Fruchtcreme

70 g Hirse / 1/4 l Wasser / 1/8 l Milch / 1 EL Honig / 40 g Mandeln / Salz / Vanille / Anis / Koriander / abgeriebene Schale einer halben Zitrone / 60 ml süße Sahne / 250 g Beerenobst (Erdbeeren, Himbeeren, Heidelbeeren usw.)

Die Hirse feinmahlen und mit dem Wasser zum Kochen bringen. Milch und Honig zufügen und 15 Minuten quellen lassen. Die Mandeln mahlen, zum Hirsebrei geben und mit den Gewürzen abschmecken. Die Sahne steifschlagen und unterziehen. Die Beeren in eine Schale geben und mit der Hirsecreme bedecken.

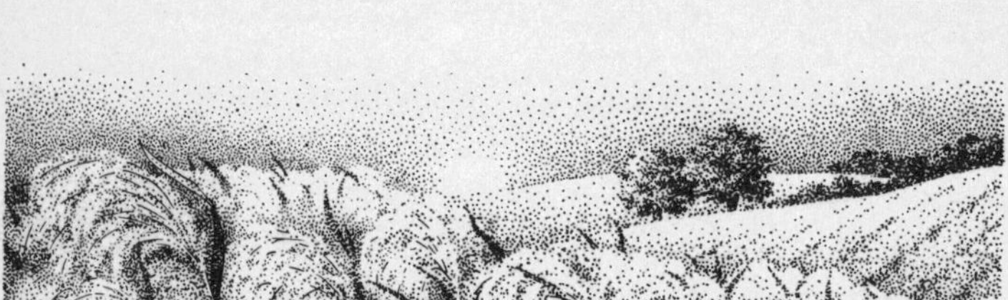

Orangenhirse

250 g Hirse, 1/2 l Wasser / 1 EL Honig /
100 g süße Sahne / 50 g Rosinen / 2 Bananen / 2 EL Mandeln /
2 Orangen / abgeriebene Schale einer Zitrone

Die Hirse mit Wasser aufkochen und 20 Minuten quellen lassen. Den Hirsebrei abkühlen lassen. Die Sahne steif schlagen. Das Fruchtfleisch der Orangen und der Bananen in kleine Stückchen schneiden. Mit den Rosinen, den gehackten Mandeln, dem Honig und der abgeriebenen Zitronenschale vermischen und in den Hirsebrei einrühren. Die Schlagsahne vorsichtig unterheben. Mit einigen Sahnetupfen garniert servieren.

Carob-Creme

60 g Hirse / 1/2 l Milch / 2 EL Honig / 2 EL Carob-Pulver / 1 Ei / 1/4 l süße Sahne / 250 g Himbeeren

Die Hirse feinmahlen, mit Milch und Honig zum Kochen bringen und 15 Minuten quellen lassen.
Das Ei gut mit dem Carob-Pulver verrühren und vorsichtig unter den etwas abgekühlten Hirsebrei ziehen.
Die Himbeeren sorgfältig waschen und verlesen. Die Sahne sehr steif schlagen und vorsichtig mit den Himbeeren unterheben.
Mit Sahnetupfen garniert servieren.

Tutti Frutti

70 g Hirse / 1/4 l Wasser / 1/8 l Milch / 2 EL Honig / Saft und Schale einer Zitrone / 3 EL Rosinen / Ingwer / 2 EL Mandeln / 1 Banane / 1 Pfirsich / 1 Apfel / 1 Birne / 1 Orange / 3 EL Sesam

Die Hirse mit dem Wasser zum Kochen bringen, Milch und Honig zufügen und 15 Minuten quellen lassen. Die Mandeln grob hacken und zusammen mit den Rosinen, dem Ingwer und der Zitrone unter den Hirsebrei mischen.
Das Obst kleinschneiden, mit der Sesamsaat vermischen und in Portionsschälchen anrichten. Die süße Hirse als Häubchen darauf verteilen.

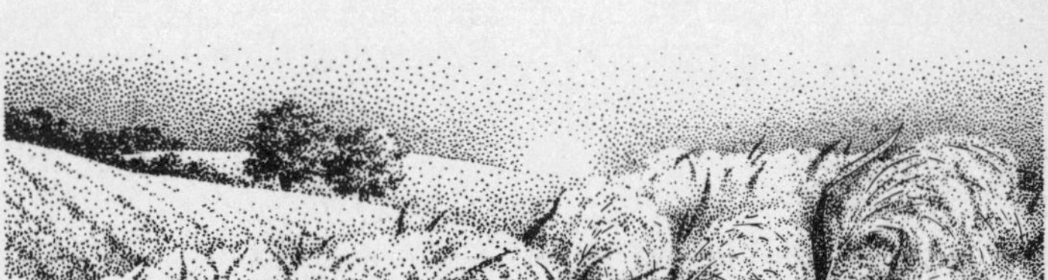

Backen mit Hirse

Pfannkuchen

250 g Hirse / 4 Eier / 1/4 l Milch / 1 Prise Salz / 1 EL Honig / Sonnenblumenöl zum Backen

Die Hirse fein mahlen. Eier und Milch dazugeben, mit Honig süßen. In einer Pfanne das Öl erhitzen und dünne Pfannkuchen ausbacken.

Quark-Pfannkuchen

50 g Magerquark / 50 g Butter / 3 Eier / 1/4 l Milch / 100 g Hirseflocken / 100 g Rosinen / 1 Prise Salz / 1 EL Honig / etwas abgeriebene Zitronenschale / Öl

Alle Zutaten vermischen und abschmecken. Den Teig zu dünnen Pfannkuchen ausbacken. Mit Obst oder Kompott servieren.

Apfel-Pfannkuchen

250 g Hirse / 4 Eier / 1/4 l Milch / 1 Prise Salz / 2 EL Honig / 3 Äpfel / Kokosfett zum Backen

Die Hirse fein mahlen, mit den Eiern, der Milch und dem Honig verrühren, salzen. Äpfel kleinschneiden und zu dem Teig geben. Den Teig etwa 2 Stunden stehen lassen, die Pfannkuchen in heißem Kokosfett ausbacken.

Hirsecrêpes

Zutaten für etwa 10 Crêpes: 1/4 l Milch / 100 g Hirse / 3 EL Sojamehl / 3 Eier / 1/8 l Sahne / 1 EL Honig / Mark einer halben Vanilleschote /Öl

Die Hirse in der Milch aufkochen und bei geringer Hitze eine halbe Stunde ausquellen lassen.
Die übrigen Zutaten dazugeben, alles im Mixer verrühren.
In einer Pfanne jeweils etwas Fett erhitzen, Teig hineingießen und die Crêpes etwa 2 Minuten auf jeder Seite goldbraun backen.

Soja-Pfannkuchen

200 g Hirse / 1/4 l Wasser / 40 g Sojamehl / 1/8 l Milch / 4 Eier / 1 TL Salz / Muskat / Paprika / frische Kräuter, gehackt / Sonnenblumenöl

Die Hirse in dem Wasser einweichen und zugedeckt etwa 10 Stunden quellen lassen.
Die gequollene Hirse mit dem Einweichwasser und den übrigen Zutaten (bis auf das Öl) im Mixer zu einem Teig rühren.
In einer Pfanne Öl erhitzen und aus dem Teig dünne Pfannkuchen von beiden Seiten ausbacken.
Den Teig zwischendurch immer mal umrühren, damit die Hirse sich nicht absetzt.
Mit einem Rohkostsalat servieren.

Hirsebrot

150 g Hirse / 40 g Buchweizenmehl
40 g Haferflocken / 250 g Weizenmehl / 50 g Hefe /
1/8 l Milch / 1 EL Sonnenblumenöl / 1 EL Honig /
1 TL Salz / 1/2 TL gemahlener Anis

Die Hälfte der Hirse mit den Haferflocken über Nacht in kaltem Wasser einweichen. Am Morgen die andere Hälfte der Hirse mahlen und zusammen mit dem Buchweizen- und dem Weizenmehl in eine Schüssel geben. In der Mitte eine Mulde formen. Die Hefe mit dem Honig in lauwarmer Milch auflösen, in die Mulde geben und 20 Minuten gehen lassen.
Hirse, Haferflocken, Öl, Salz und Anis hinzufügen und gut durchkneten. Nochmals 30 Minuten an einem warmen Ort gehen lassen und wieder durchkneten.
Eine Kastenform einfetten, den Teig hineingeben, weitere 10 Minuten gehen lassen und 60 Minuten im vorgeheizten Backofen bei 200° C backen.

Fladenbrötchen

100 g Hirse / 100 g Weizen / 100 g Gerste / 1 TL Kümmel / 1 TL Fenchel / 1 TL Salz / 2 EL Hefeflocken / 50 g geriebener Käse / 3 EL Sonnenblumenöl / 1/3 l kohlensäurehaltiges Mineralwasser / Sesam, Mohn und Kümmel zum Bestreuen

Die Getreide mit den Gewürzen mittelfein vermahlen, mit dem Salz, dem Käse und den Hefeflocken vermischen. Öl und Mineralwasser dazugeben und alles gut verrühren.
Den Teig etwa 3 Stunden quellen lassen. Auf ein gefettetes Backblech kleine Häufchen setzen und mit Sesam, Mohn oder Kümmel bestreuen.
Im vorgeheizten Backofen bei 220° C etwa 30 Minuten backen.

Zweikorn-Plätzchen

*100 g Hirseflocken / 100 g Haferflocken / 1/2 TL Salz /
1 TL Zimt / abgeriebene Schale von 1 Zitrone /
1/4 l Wasser / Öl zum Braten*

Alle Zutaten zu einem glatten Teig rühren. 60 Minuten quellen lassen.

In einer Pfanne wenig Öl erhitzen, und mit einem Löffel kleine Flockenhäufchen hineinsetzen. Solange backen, bis sie goldgelb sind.

Die Plätzchen können sowohl heiß als auch kalt gegessen werden. Im Kühlschrank aufbewahren.

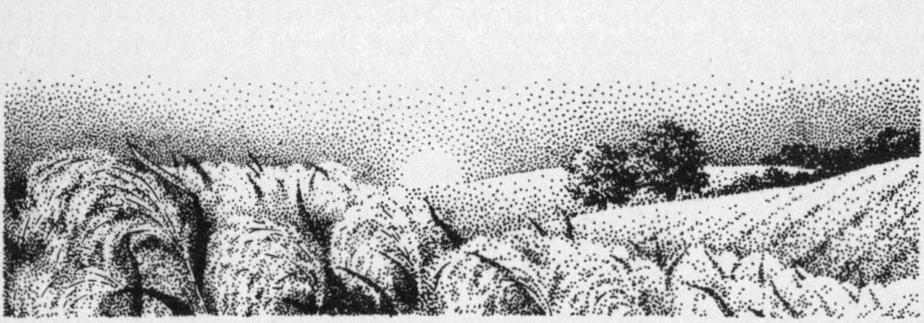

Tomaten-Plätzchen

250 g Hirse / 1/2 l Wasser / 1/2 TL Salz / 2 EL Öl / 250 g Quark / 1 TL Paprika / 3 Tomaten / frische Kräuter

Die Hirse in Salzwasser aufkochen und etwa 20 Minuten quellen lassen.

Die gegarte Hirse mit dem Öl, dem Quark, und dem Paprika gut vermischen. Aus dieser Masse flache Häufchen von etwa 4 Zentimeter Durchmesser formen und auf ein gefettetes Backblech setzen.

Die Tomaten in Scheiben schneiden und auf die Hirsehäufchen legen. Mit kleingehackten frischen Kräutern bestreuen.

Das Backblech in den vorgeheizten Backofen schieben, die Plätzchen bei 180° C 40 Minuten backen.

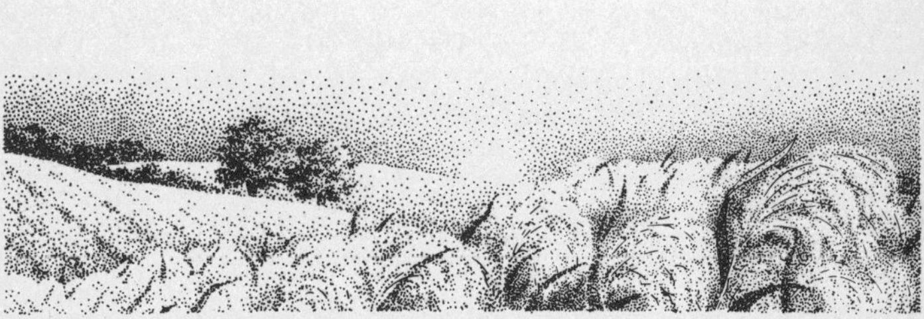

Vierkorn-Plätzchen

100 g Butter / 4 EL Honig / 50 g gehackte Nüsse / 3 EL Milch / 50 g Weizen / 50 g Hirse / 50 g Roggen / 50 g Dinkel / 1/2 TL Zimt / Mark einer halben Vanilleschote

Die Butter mit dem Honig schaumig rühren, Milch, Zimt und Vanille dazugeben. Die Nüsse eventuell etwas anrösten und unterheben.
Die Getreide mischen, fein mahlen und mit dem Butter-Honig-Gemisch verkneten.
Den Teig mindestens 4 Stunden kalt stellen. Dünn ausrollen und mit Förmchen oder einem Glas Plätzchen ausstechen und auf ein gefettetes Backblech legen. In den kalten Backofen schieben und bei 180° C in 15 Minuten backen. Die Plätzchen sind dann hellbraun.

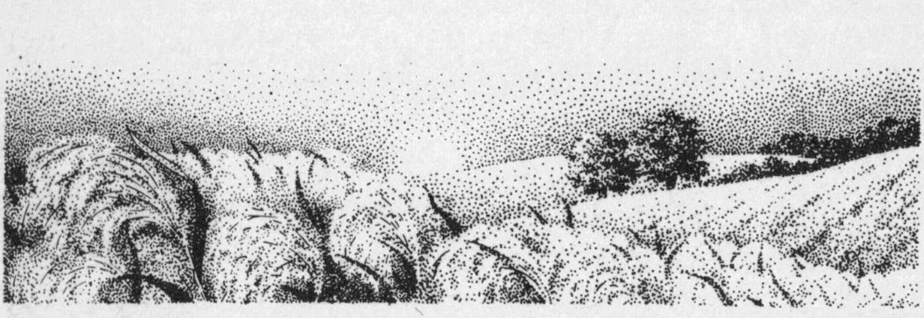

Nuß-Biskuits

*100 g Butter / 4 EL Honig / 2 Eier / 125 g Hirse /
50 g Weizen / 100 g feingemahlene Nüsse /
Saft und abgeriebene Schale von 1 Zitrone /
2 EL kohlensäurehaltiges Mineralwasser*

Die Butter mit dem Honig und den Eiern schaumig rühren.
Das Getreide mischen, fein mahlen und dazugeben. Die übrigen Zutaten unterrühren.
Den Teig zugedeckt 2 Stunden quellen lassen. Mit 2 Löffeln kleine Häufchen auf ein ungefettetes Backblech setzen.
Das Blech in den kalten Backofen schieben und bei 200° C 25 Minuten backen, die Plätzchen sind dann leicht gebräunt.

Napfkuchen

250 g Hirse / 1/2 l Wasser / 100 g feingehackte Nüsse / 50 g Rosinen / 100 g Butter / 3 EL Honig / 3 Eier / 50 g Weizenmehl / 20 g Hefe

Die Hirse in Wasser aufkochen und 30 Minuten quellen lassen. Die Hirse mit den Nüssen, den Rosinen, der Butter und dem Honig vermischen und so lange rühren bis die Masse erkaltet ist. Eier und eventuell etwas Weizenmehl zufügen, damit der Teig gut knetbar wird.

Die Hefe in etwas lauwarmem Wasser auflösen und zu dem Hirseteig rühren. Den Teig so lange kneten, bis er nicht mehr an den Händen haften bleibt.

Eine halbe Stunde ruhen lassen, in eine Napfkuchenform füllen und nochmals eine Stunde gehen lassen.

Im vorgeheizten Backofen 45 Minuten bei 180° C backen

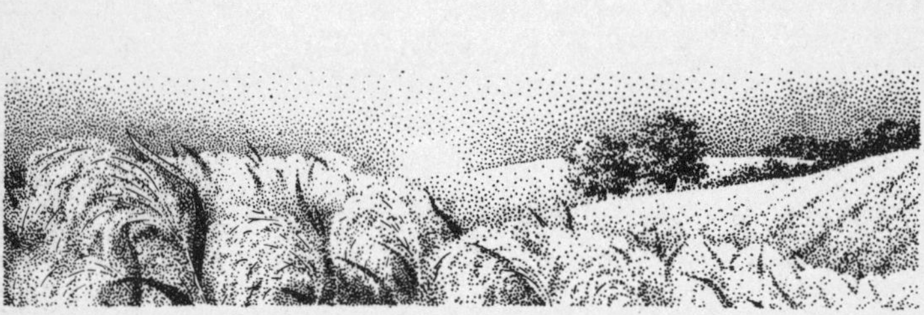

Pflaumen-Kuchen

Für den Teig: 150 g Hirse / 100 g Weizen / 1 Ei / Salz / 125 g Butter / abgeriebene Schale einer halben Zitrone / 3 EL Honig
Für den Belag: 200 g Pflaumen / 200 g Hirse / 1/2 l Wasser / 2 EL Honig / 1 abgeriebene Zironenschale / 1/2 TL Salz / 50 g gehackte Nüsse

Für den Teig alle Zutaten verkneten und 2 Stunden kaltstellen. Den Teig in einer gefetteten Springform verteilen, einen fingerbreiten Rand hochziehen.
Für den Belag die Hirse mit dem Wasser aufkochen und 20 Minuten zugedeckt quellen lassen. Die Pflaumen kleinschneiden, Honig daruntermischen und zur Hirse geben. Abgeriebene Zitronenschale und Salz hinzufügen und die Masse auf dem Mürbeteig verteilen. Mit den Nüssen bestreuen.
Bei 220° C 45 Minuten backen.

Apfeltorte

Für den Teig: 150 g Hirse / 100 g Weizen / 1 Ei / Salz / 125 g Butter / abgeriebene Schale einer halben Zitrone / 3 EL Honig
Für den Belag: 500 g Äpfel / 75 g Rosinen / 6 EL Honig / 100 g gehackte Nüsse / 1/2 TL Zimt / 1/8 l Sahne / 2 Eier

Für den Teig Hirse und Weizen fein vermahlen, mit den übrigen Zutaten verkneten und mindestens 2 Stunden im Kühlschrank ruhen lassen.
Mit dem Teig eine gefettete Springform auslegen, einen fingerbreiten Rand hochziehen.
Für den Belag die Äpfel kleinschneiden. Mit den Rosinen, den Nüssen, dem Zimt und der Hälfte des Honigs vermischen und etwas durchziehen lassen.
Die Apfelmischung auf dem Teig verteilen und den Kuchen bei 200° C backen.
Die Eier trennen, die Eigelb mit dem übrigen Honig schaumig rühren. Die Sahne dazugeben, das Eiweiß steifschlagen und unterziehen.
Nach etwa 25 Minuten Backzeit die Ei-Sahne-Mischung über den Kuchen gießen und alles weitere 25 Minuten backen. Vor dem Auskühlen aufschneiden.

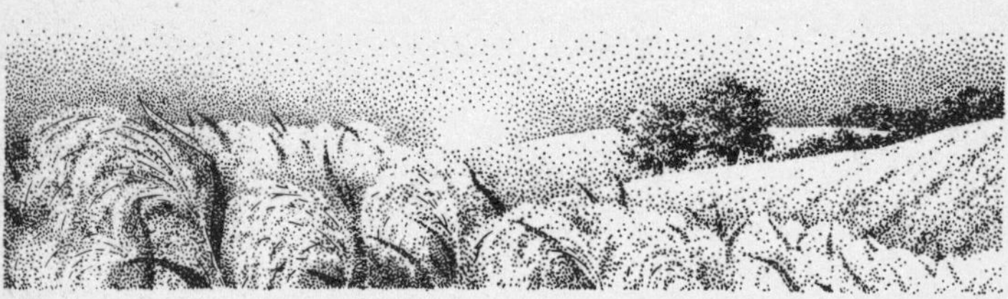

Gemüsekuchen

100 g Hirse / 1/4 l Wasser / Salz / 4 Kartoffeln /
3 EL Roggenschrot / 1 TL Salz / 2 Eier /
1 TL Rosmarin / 1/2 TL Muskat
Belag: 3 Karotten / 1 Zwiebel / 6 Mangoldstiele

Die Hirse mit Salz kochen, die Kartoffeln ebenfalls kochen. Die garen Kartoffeln fein reiben und mit den übrigen Zutaten mischen. Eine Springform fetten und die Masse daraufstreichen. Karotten raspeln, Zwiebel fein hacken und Mangold kleinschneiden. Die Gemüsemischung auf den Teig geben und im Backofen bei 200° C 40 Minuten backen.
Einen Blattsalat zubereiten und als Mittag- oder Abendessen servieren.

Kirschkuchen

Für den Teig: 600 g Weizenmehl / 350 g lauwarmes Wasser / 1 Würfel Hefe / 1 EL Honig / 1 TL Salz / 60 g zerlassene Butter
Für den Belag: 150 g Hirsemehl / 1/2 Milch / Salz / 1 EL Honig / 200 g entsteinte Kirschen
Für den Guß: 2 EL saure Sahne, 2 Eigelb / 1 EL Honig / Zimt / 1 EL Quark / 1 EL Weizenmehl

Für den Teig Mehl in eine Schüssel geben, die Hefe mit Salz und Honig im Wasser auflösen und zum Mehl geben. Den Teig kneten, bis er Blasen wirft und nicht mehr klebt. 20 Minuten zugedeckt gehen lassen, dann nochmals kurz durchkneten.
Das Hirsemehl mit der Milch, einer Prise Salz und dem Honig aufkochen und 20 Minuten quellen lassen.
Den Hefeteig in eine gefettete Springform geben, einen fingerbreiten Rand hochziehen. Die Hälfte der Hirsecreme auf den Teig streichen, die Kirschen daraufgeben, dann die restliche Hirsecreme darauf verteilen.
Für den Guß alle Zutaten miteinander verquirlen. Die Masse auf den Kuchen gießen.
Den Kuchen im vorgeheizten Backofen bei 200° C 30 Minuten backen.

Carobkuchen

Für den Teig: 250 g Butter / 4 EL Honig / 4 Eier / 200 g Hirse / 100 g Weizenmehl / 1 Pck. Weinsteinbackpulver / 1/2 Tasse Milch / 80 g Carob-Pulver / 150 g gehackte Mandeln
Für die Glasur: 75 g Carob-Riegel / 100 ml Wasser

Die Hirse sehr fein mahlen. Butter, Honig und Eier schaumig rühren. Hirsemehl, Weizenmehl, Backpulver und Carob-Pulver mischen und einrühren. Die Milch und die gehackten Mandeln zugeben.
Den Teig in eine gefettete Guglhupfform füllen und im vorgeheizten Backofen 60 Minuten backen.
Den Carob-Riegel im Wasserbad schmelzen. So viel Wasser unterrühren, daß eine cremige, dickflüssige Glasur entsteht. Den noch warmen Kuchen mit der Glasur überziehen.

Käse-Kekse

125 g Hirse / 1/4 l kohlensäurehaltiges Mineralwasser / 70 g Edamer / 1/4 TL Curry / 1/2 TL Kümmel / 1/2 Tl Salz / 1/4 TL Paprika / 1 MSP Pfeffer / 2 EL Öl

Die Hirse fein mahlen,mit dem Mineralwasser verrühren und 1 Stunde quellen lassen. Den Käse reiben, ein Drittel davon zum Garnieren zurückbehalten. Den restlichen Käse mit den Gewürzen unter den Teig rühren.
Den Teig dünn auf ein gefettetes Blech streichen und mit geriebenem Käse bestreuen. Im vorgeheizten Backofen bei 200° C in 7 Minuten backen. Den Teig auf dem Blech schneiden und noch einige Minuten fertigbacken bis die Kekse goldgelb und knusprig sind.

Müsligebäck

200 g Weizen / 50 g Hirse / 20 g Weizenkeime / 20 g Hefe / 1 EL Honig / 1/8 l Milch / 50 g Rosinen / 100 g Äpfel / 50 g Haferflocken / 1 EL Honig / 2 EL Sahne

Weizen und Hirse fein mahlen und mit den Weizenkeimen mischen. Hefe und Honig in der lauwarmen Milch auflösen, mit etwas Mehl vermischen und 15 Minuten zugedeckt gehen lassen. Das Mehlgemisch dazugeben und zu einem geschmeidigen Hefeteig verkneten. Nochmals 15 Minuten gehen lassen.
Die Äpfel grob raspeln und mit den Rosinen und den Haferflocken unter den Hefeteig kneten.
Aus dem Teig mit nassen Händen 8 Kugeln formen und auf ein gefettetes Backblech setzen. Die Kugeln mit Haferflocken bestreuen und der Honig-Sahne-Mischung einpinseln. Im vorgeheizten Ofen bei 200° C in 20 Minuten goldbraun backen.

Käse-Kekse

125 g Hirse / 1/8 l kohlensäurehaltiges Mineralwasser / 70 g Edamer / 1/4 TL Curry / 1/2 TL Kümmel / 1/2 Tl Salz / 1/4 TL Paprika / 1 MSP Pfeffer / 2 EL Öl

Die Hirse fein mahlen,mit dem Mineralwasser verrühren und 1 Stunde quellen lassen. Den Käse reiben, ein Drittel davon zum Garnieren zurückbehalten. Den restlichen Käse mit den Gewürzen unter den Teig rühren.
Den Teig dünn auf ein gefettetes Blech streichen und mit geriebenem Käse bestreuen. Im vorgeheizten Backofen bei 200° C in 7 Minuten backen. Den Teig auf dem Blech schneiden und noch einige Minuten fertigbacken bis die Kekse goldgelb und knusprig sind.

Empfehlenswerte Literatur

Burggrabe/Gronau: **Vollkorn, Schrot & Mühlen**. Hädecke-Verlag, Weil der Stadt, 1987

Goetz, Rolf: **Naturkost - ein praktischer Warenführer**. pala-verlag, Schaafheim, 1987

Franke, G.: **Die Nutzpflanzen der Tropen und Subtropen**. Hirzel-Verlag, Leipzig, 1976

Jacob, H. E.: **6000 Jahre Brot**. bioverlag gesundleben, Hopferau 1985

Körber-Grohne, U.: **Nutzpflanzen in Deutschland**. Theiss-Verlag, Stuttgart 1987

Kollath, Prof. Dr. W.: **Getreide und Mensch**. Helfer-Verlag E. Schwabe, Bad Homburg, o.J.

Renzenbrink, U.: **Zeitgemäße Getreideernährung**. Geering-Verlag, Dornach, 1979

Renzenbrink, U.: **Die sieben Getreide**. Geering Verlag, Dornach, 1981

Simonis, W.: **Korn und Brot**. Verlag freies geistesleben, Stuttgart 1966

Thomas, B.: **Vollkorn bietet mehr**. Diaita-Verlag, Bad Homburg, 1986

Index

Andere Bücher aus dem pala-verlag

Rolf Goetz: Naturkost Band I
Taschenbuch, 9,80 DM
ISBN:3-923176-39-2

Rolf Goetz: Naturkost Band II
Taschenbuch, 9,80 DM
3-923176-40-6

Goetz: Einfach anders essen
Taschenbuch, 9,80 DM
3-923176-21-x

Goetz: Andere Ernährung
Taschenbuch, 9,80 DM
3-923176-58-9

Schorndorfer: Konservierung
Taschenbuch, 7,80 DM
ISBN:3-923176-38-4

Nabben: Sojaküche
Taschenbuch, 9,80 DM
3-923176-35-x

Buchner: Kochen für mich
Taschenbuch, 9,80 DM
3-923176-29-5

Rabe: Man nehme: Keime
Taschenbuch, 9,80 DM
3-923176-57-0

D-4150

»Caprice«
Vollwertrestaurant
Nordwall 124
4150 Krefeld
☎ 02151 · 770550

täglich ab 18.00
Küche 18.00–22.00

Vollwertküche ohne spez. Richtung
ständig wechselnde Gerichte, den Jahreszeiten angepaßt

D-4170

Petersilchen
Kapuziner Straße 36
4170 Geldern
☎ 02831 · 88503

Di–So 10.30–14.30
und 18.30–23.00
So 18.00–23.00
Mo Ruhetag

nach eigenen Rezepten und Zubereitungsverfahren
Asiatische Gerichte, Französische Küche,
Frischsäfte, Vollwertkost
Partyservice bis 2500 Personen

D-4300

Die Natur-Wurzel
Vegetarische Vollwertküche
Bäuminghausstraße 46
4300 Essen 12
☎ 0201 · 314645

täglich 18.00–23.30
Montag Ruhetag

Kaffee und Tee von der GEPA, Obst und Gemüse
der Jahreszeit entsprechend
Liefern von Menüs und Buffets für Feste, Seminare ...

D-4320

Mövenpick
Rhein-Ruhr-Zentrum
Humboldring 13
4330 Mülheim
☎ 0208 · 49948

täglich 8.30–24.00
Sa 8.00–24.00
So 10.00–24.00
Küche 11.00–23.00

nach eigenen Rezepten und Zubereitungsverfahren
Schweizer Spezialitäten
Kinderspielecke, Sonntags-Markt-Brunch